마케팅의 과학

마케팅의 과학

BACK TO THE BASICS

기라쓰 하지메 지음 | 박정임 옮김

페이퍼로드
paperroad

마케팅의 원점에 서서

페이퍼로드에서는 비즈니스 클래식 시리즈로 『원점에 서다』 『살아남는 회사』에 이어 세 번째로 『마케팅의 과학』을 펴냅니다. 비즈니스 클래식 시리즈는 수십 년의 세월이 흘렀어도 현재에도 유효한 비즈니스의 원칙과 방법론을 제시한 경제 · 경영의 양서들을 출간하고자 기획되었습니다. 첫 번째 편인 『원점에 서다』는 1973년 일본에서 초판이 출간된 이래 최근 2005년까지 삼성에서 내부 교재용으로 자체 출판된 바 있는 책입니다. 우리가 하는 일의 목적, 원점을 상기하는 것이 비즈니스에서나 인생에서 소중하다는 것을 쉬운 사례를 통해 알려주는 『원점에 서다』의 유효성은 지금, 여기에서도 입증되었습니다. 책의 반향은 커서 2008년 삼성경제연구소 SERI CEO의 'CEO가 읽어야 책'으로 선정되었고, 삼성을 비롯 30여 곳의 기업에서 독서 경영 필독서로 지정되었습니다. 일반 독자들 역시 일상의 무의미한 반복이 아닌 삶과 일의 목적을 떠올리는 것이야말로 진정한 삶의 의미를 찾는 것이고, 이 책이 이를 일깨우는 데 큰 도움이 되었다는 호평을 내준 바 있습니다. 그 결과 출간 1년여 만에 판매 4만 부를 돌파하고 있습니다.

후속편인 『살아남는 회사』 역시 엄혹한 경제위기 시대를 살고 있는 지금의 기업 환경에서 살길은 '원감절감'임을 강조하며 그 구체적인 방법론과 노하우를 제시한 책입니다. 전편과 마찬가지로 기업들의 큰 반향을 얻고 있습니다.

두껍기만 한 리포트는 가라

『마케팅의 과학』은 1959년 일본에서 초판 출간 이래 두 번의 개정을 거쳐 최근까지도 판매되고 있는 '마케팅의 불멸의 고전'이라 할 만한 책입니다. 판매 부수 100만 부가 말해주듯, 50년간 꾸준히 팔려온 생명력을 가진 책은 경영서 가운데 그리 많지 않을 것입니다. 이 책의 메시지는 『원점에 서다』와 동일선상에 놓여 있습니다. 습관적인 시장조사나 예측이 아닌 판매에 진정한 도움이 될 데이터의 수집 방법과 활용의 중요성을 수없이 강조하고 있습니다. '판매하면서 조사하고, 조사하면서 판매하자'는 저자의 슬로건은 '마케팅의 원점'에 서자는 것에 다름 아닙니다. 시장조사란 이름의 여론조사를 수없이 하지만 판매 현장에선 전혀 도움이 안 되는 사례가 얼마나 많습니까. 시장 예측이란 거창한 이름 아래 두툼한 리포트 작업을 하지만 효과적인 경영전략 수립과는 따로 노는 것이 우리 기업의 실태가 아닌지 모르겠습니다. 최소의 비용으로 가장 효과적인 마케팅 정보를 수집하고 체계화하여 이를 마케팅 전략으로 수립, 실행하는 저자의 사례는 언제든 우리 현장에서 활용할 수 있는 원석과도 같은 것이라 생각됩니다. 마케팅 활동은 그야말로 기업의 생명을 좌우하는 최고의 지식노동인 것입니다.

마쓰시타가 삼고초려한 저자

이 책의 저자 가라쓰 하지메 교수는 특이한 이력의 소유자이기도 합니다. 전기공학을 전공한 뒤 NTT와 마쓰시타 전기산업(현 파나소닉)에서 기술 분야를 담당했던 공학 전문가입니다. 미국식 품질관리 방식을 일본에 도입, 그것을 한층 발전시켜 제조업 하면 일본 기업을 떠올리게 만든 장본인으로 품질혁신에 기여한 이에게 수여하는 최고 권위의 데밍 상을 받기도 했습니다. 그를 데려오기 위해 '경영의 신'이라 불리는 마쓰시타 고노스케 회장이 삼고초려를 마다하지 않았다고 합니다.

그런 기술통이 마케팅 분야에서는 과학적인 시장조사 기법을 들고 나와 시장에 충격을 주었습니다. 그것도 무조건적인 시장조사나 광고를 하면 시장점유율이 높아질 것이란 막연한 기대에 머물고 있던 기업에게 진정한 마케팅 리서치의 목적과 방법론을 설파했으니 신선한 충격을 주지 않을 수 없었습니다. 그것도 '최소의 비용'으로 하자니 말입니다.

이 책은 크게 두 부분으로 구성돼 있습니다. 1~5장은 마케팅 조사의 목적과 방법론을 구체적인 사례를 통해 역설하고, 6, 7장은 시장조사의 이론과 기법의 전문적인 내용을 초보자도 알 수 있게끔 설명하고 있습니다. 발간된 지 오래된 만큼 뒷부분의 기술적인 내용은 기본 개념을 이해하고 점검하는 선에서 보시면 될 것입니다. 그러나 첫 5개 장은 현재에도 무척 유효한 내용입니다. 고객의 입장에서 상품을 왜, 어떻게 선택하는가를 것이 가장 중요하다는 것을 반복적으로 강조하고 있습니다. 그 방법을 어떻게 찾아낼 것인가를, 그야말로 '물고기 잡는 법'을 근본 원리부터 설파하고 있어 언제든 현장에서 체득하고 있어야 할 내용입니다.

고전의 가치는 세월이 흘러도 변하지 않습니다. 비즈니스 클래식 ❸ 『마케팅의 과학』은 비즈니스 고전의 가치를 가진 책이라고 자신합니다. 일독을 권합니다.

페이퍼로드 편집부 비즈니스팀

마케팅의 혁명을 꿈꾸는 분들을 위해

마케팅은 기업 경영의 여러 업무 중에서도 가장 기밀을 필요로 하는 분야이다. 따라서 그 구체적인 내용을 소개하는 데에는 많은 어려움이 따른다.

따라서 이 책에서는 각각의 마케팅 기술, 즉 어떻게 했더니 팔렸더라는 식의 사례보다 그러한 마케팅 기술을 터득하기 위해 반드시 알아야 하는 원리와 구체적인 방법을 소개하는 데 중점을 두었다.

다양한 성공 사례들은 읽기에는 재미있지만, 누구에게나 똑같이 적용된다고는 할 수 없다. 게다가 정말로 중요한 부분은 소개되지 않는 것이 일반적이다. 따라서 겉으로 드러난 결과에 집착하기보다 어떻게 해서 그런 결과를 도출해낼 수 있었는지 따져보는 게 우선이다. 원리와 방법을 이해하는 것은 그래서 중요하다.

정보과학이 지금처럼 발전할 수 있었던 것은 제2차 세계대전과 컴퓨터 혁명을 통해서였다.

그중에서도 오퍼레이션 리서치는 전쟁 그 자체의 산물이다.

이 외에도, 게임의 이론, 통계적 결정론, 정보 이론 등 수많은 사고법이 제기되었는데, 이것들은 공통적으로 근대 확률론의 발전에 그 기반을 두고 있다. 이 방법들이 마케팅에 응용되면서 그전까지 경험과 직감에 의해 주도되었던 마케팅 분야도 마침내 커다란 변모를 보이게 된 것이다.

이 책은 이러한 방법론에 입각해서, 종래에 행해졌던 마케팅 활동을 이해하고, 새로운 발전 방향을 모색해보려는 노력의 일환으로 쓰여졌다. 일선에서 마케팅 활동에 종사하는 분들에게 가능한 한 구체적인 도움을 주기 위해, 되도록 쉽고 재미있게 설명하려고 애썼다. 그러면서도 앞에서 강조했듯이 기본적인 원리를 깨우칠 수 있게끔 하는 데 주안점을 두었다.

이 책을 통해 마케팅이라고 하는 기업 경영에 있어서 가장 중요한 분야에서 활약하는 분들이 마케팅 혁명의 주인공이 될 수 있다면 필자는 더 바랄 것이 없겠다.

『마케팅의 과학』(니칸코교日刊工業)이 처음 빛을 본 이후 세상은 엄청난 속도로 변화를 거듭해왔다. 특히 시장의 변화는 가히 혁명적이라 할 만하다. 이에 새롭게 내용을 보완해서 신판을 내게 되었다.

구판의 애독자였다는 이유로 이 책의 출판을 기획하고, 그 정리에 도움을 준 것은 물론 여러 가지 번거로운 일까지 흔쾌히 도맡아

준 지츠쿄노니혼샤實業之日本社의 무라사키노紫野 씨, 그리고 문고판의 발행을 위해 애써준 PHP 연구소의 가네다 유키야스金田幸康 씨에게 감사의 뜻을 표하고자 한다.

가라쓰 하지메唐津一

| CONTENTS |

7   시장조사는 목표의 설정에서 시작된다
The goal of marketing research

1

기업의 미래는
판매력으로 결정된다

기업의 성쇠는, 최종적으로는 판매 부문의 힘에 의해 결정된다. 회사라고 하는 대식가를 지탱하기 위해서는 일반 서민이 보기에는 정신이 아득해질 만한 거액의 매출을 확보하지 않으면 안 된다. 아무리 우수한 기술자와 공장 설비도 매출이라고 하는 영양분에 의해서만 생존할 수 있는 것이다. 디자인이 독특하다든가 대대적인 홍보가 이루어졌다든가 하는 것은, 생각해보면 시장에서 경쟁 상품과 경합을 벌여 이기기 위한, 상대에게 핸디캡을 주기 위한 하나의 소도구에 지나지 않는다. 매출을 구체적으로 확보하고, 수입을 높여주는 것은 역시 판매 활동이다.

상품을 선택하는 것은
사람이다

| 1년에 365대의 차를
| 파는 비결

"자동차가 필요해지면 고객으로부터 전화가 걸려옵니다."

이것은 1년 간 365대의 자동차를 판 것으로 유명한, 어느 세일즈맨의 말이다. 그 비결은 다음과 같은 것이었다.

도로를 달리고 있는 도중 다른 자동차가 고장 나서 멈춰 있으면 반드시 차를 세우고 봐준다. 윗옷을 벗고 와이셔츠 차림으로 아무렇지도 않게 차 밑으로 기어 들어간다. 만약 그 자리에서 차를 고치지 못하더라도 할 수 있는 데까지 해준다. 물론 와이셔츠는 엉망이 되겠지만 이미 그것으로 절반은 성공한 셈이다.

경험해본 사람은 알겠지만, 차가 퍼지는 것만큼 비참한 것은 없다. 밀어도 안 되고, 짊어지고 갈 수도 없다. 비라도 내린다면 더더욱 낭패다. 그런데 이처럼 도움을 받는다면, 그 사람의 이름은 가슴에 새겨져 잊혀지지 않는다.

상품을 살지 안 살지를 결정하는 것은 사람이다. 아무리 상품이 우수하다거나, 파격적인 가격이라고 해도 그것만으로 소비자의 마음을 붙잡을 수는 없다. 모든 회사의 제품이 최대한의 노력과 연구로 만들어진다. 수많은 우수한 상품 중에서 우리 상품을 선택하게 만드는 것은 고객의 마음을 어떻게 붙잡느냐에 달려 있다.

1973년 중동전쟁의 여파로 휴지, 세제 등을 비축하기 위한 사재기 소동이 벌어졌다. 그 와중에 격심한 물가 인상에 대항한다는 의미로 한 슈퍼마켓에서 대대적인 세일을 벌였고 신문에까지 그 내용이 보도되자 손님들이 구름처럼 몰려들었다. 하지만 고객들은 세일 상품에는 눈길조차 주지 않고 세제 매장에만 줄을 섰다. 고객이 사고 싶은 것은 역시 세제였기 때문에, 밤새 줄을 서는 한이 있더라도 손에 넣으려고 하는 것이다.

판매를 하는 사람으로서 고객이 가장 원하는 것을 원하는 만큼 살 수 있도록 해줄 수 있다면, 그것만큼 행복한 일은 없다. 그것은 판매수익을 얼마큼 냈다든가 마케팅 기법이 먹혀들었다든가 하는 것과는 차원이 다른 것으로, 세상을 풍요롭게 한다는 데서 얻는 만족감이다.

| 저 사람에게 차를 사면 안심할 수 있다

앞서 이야기한 자동차 세일즈맨의 경우도 마찬가지다. 그 사람에게 차를 사면 안심할 수 있다는 믿음이, 그를 연간 365대의 차를 판매한 세일즈 왕으로 만든 것이다. 차는 사면 그만이 아니다. 차를 몰아보면 좋지 않은 점이 발견될 수도 있고, 고장으로 멈춰버리는 경우도 있다. 게다가 다음번에 차를 다시 구입할 때, 헌차의 처분 문제도 있다. 그 사람에게 사면 이 모든 문제에 대해 안심할 수 있고 만족할 만한 서비스를 받을 수 있다면, 무엇 때문에 다른 곳에서 차를 구입하겠는가. 때로는 타사의 차로 바꿔볼까 하는 생각이 들어도, 그렇게 되면 기존의 서비스를 받을 수 없게 되기 때문에 결국은 그 세일즈맨에게 사게 된다.

똑같은 차라고 해도 세일즈맨에 따라 판매 방식이 다르며 고객의 만족도도 다르다. 그렇기 때문에 겉보기에는 똑같아 보이는 제품이라도 브랜드나 판매점에 따라 판매 실적은 물론 고객의 평가도 크게 다르게 나타난다. 많은 자본과 자재를 들여 각고의 노력 끝에 상품을 만드는 것이기 때문에, 모든 고객이 만족할 수 있는 판매 방법을 진지하게 생각해야 한다. 그 노력이 성공했을 때, 비로소 풍요로운 사회를 실현하는 데 일조하게 되는 것이다. 그리고 풍요로운 사회를 실현하는 것이 기업의 사회적 책임이다.

판매력이
동반되지 않는 기술은
경영을 위태롭게 한다

| 기술 독점은
| 오래 지속되지 않는다

최첨단 제조 설비를 갖추고 세계적으로 유명한 기술자를 보유한 회사의 제품이, 반드시 시장에서도 가장 높은 판매 실적을 보이고, 소비자들 사이에서도 가장 좋은 평가를 받는 것은 아니다. 그러한 실례는 얼마든지 들 수 있다.

품질에 문제가 있다면 물론 거론할 필요조차 없다. 그러나 성능이나 디자인, 가격에 있어서 큰 차이가 없는 데도 시장에서의 판매 실적이 다르고, 소비자의 평가에서도 차이가 나는 경우가 흔히 있다. 이런 경우, 그 상품이 시장에서 어떤 지위를 차지하는가는 판매 전략과 판매력이 결정한다.

제2차 세계대전은 기술의 싸움이었다. 만 미터밖에 올라갈 수 없는 비행기로는 만 천 미터를 나는 상대를 공격할 수 없는 것이다. 따라서 일본에서도 수많은 기술자를 양성했으며, 모든 물자와 자본을 투입했다. 결국 패전으로 인해 일본의 국토는 황폐화되었지만, 잘 훈련된 기술자와 엄청난 양의 자재가 남았다.

전쟁이 끝남에 따라, 모든 기업이 같은 조건에서 민간 시장에 뛰어들었다. 몇몇 기업은 시장에서 살아남았지만 그렇지 못한 기업들도 많았다. 시장에서의 격차는 결국, 상품 기획을 포함한 판매력에 의해 결정된다는 것을 깨닫게 된 것이다.

물론 경쟁력 있는 상품을 대량 판매할 수 있으려면 우수한 기술력은 필수조건이지만, 그 기여도를 일반적으로 생각하고 있는 것처럼 과대평가해서는 안 된다. 기술의 독점은 의외로 오래 지속되지 않는다.

대부분의 상품은 인류가 지금까지 발견한 과학기술 법칙을 새롭게 조합함으로써 만들어진다. 따라서 같은 재료를 사용하여 같은 방식으로 가공·조립하면 얼마든지 같은 물건을 만들 수 있다. 그렇기 때문에 새로운 상품 개발에 성공했다는 것이 알려지면, 경쟁 회사에서는 반드시 그것과 같은 상품을 만들 수 있게 된다.

후발 주자의 이점

원자폭탄의 최대 기밀은, '폭발에 성공했다'는 것이었다고 한다. 원자폭탄의 가능성은 미국뿐만 아니라 세계의 모든 학자들이 예상하고 있었다. 그러나 실험해보지 않으면 그 추론이 맞는지 틀리는지 알 수 없다. 따라서 폭발했다는 사실 자체가 추론이 옳다는 것을 입증해주는 실험 결과였던 셈이다.

판매력이 따르지 않는 기술은 오히려 경영을 위태롭게 한다. 아무리 훌륭한 제품도 일단 시장에 출시되면 자연스럽게 기술적인 가능성을 증명해준 셈이 되어, 반드시 복제품이 나오게 되는 것이다. 그렇기 때문에 만약 판매력이 약한 회사일 경우 다른 회사에 아이디어를 가르쳐준 것밖에 안 되며, 경쟁 회사는 그 제품의 장점을 모두 자기 것으로 만들 것이다. 그런 실례는 셀 수 없이 많다.

일본에서도 손꼽히는 제조 회사가 있다. 그 회사에서는 신제품을 다른 회사보다 먼저 출시하는 일은 웬만해서는 하지 않는다. 그 대신 다른 회사가 발매하면 판매 방법과 그 제품의 판매 추이, 구매층 등을 철저하게 조사한다. 아마도 그 데이터는 제품을 발매한 회사가 갖고 있는 것보다 훨씬 상세할 것이다. 그리고 조사가 끝나면 곧바로 판매력을 발휘해 몇 개월 간 맹렬하게 추격한다. 마침내 모두가 정신을 차리고 보면, 톱 메이커가 되어 있는 것이다.

이 방법은 어떠한 의미에서는 지극히 합리적이다. 전혀 새로운 제품을 출시할 때에는 평범한 시장조사로는 시장이 그것을 어떻게 받아들일지에 대한 신뢰도 높은 예측을 하기 어렵다. 따라서 이처럼 계획적으로 다른 회사의 후발 주자로 돌아서면, 상대가 일종의 시장 실험을 대신 해주는 셈이 되고, 고맙게도 정보를 얻을 수 있게 된다. 게다가 그 데이터는 재현성이 높다. 따라서 시장의 반응을 확신할 수 없는 신제품을 다른 회사보다 앞서서 출시하는 위험성에 비한다면, 실패 확률을 최소한으로 줄일 수 있는 것이다. 이 방법은 판매력에 충분히 자신감이 있을 때에는 유리한 방법이라고 할 수 있다. 선두 주자는 상품을 처음으로 출시했다는 명성은 얻을 수 있지만, 실질적인 이익은 후발 주자에게 빼앗길 위험성이 있는 것이다.

상품 기획에 대한 오해

| 공예품 VS. 판매 문제를 고민하기 전에
| 상품 고려해야 할 기본적인 사항이
있다. 바로 무엇을 만들까 하
는 상품 기획 문제이다.

물론 어떤 상품이든 소비자가 그 상품에 기대했던 성능을 100퍼
센트 실현시킬 수 있어야 한다. 그런데 일본에서는 지금도 필요 이
상으로 공을 들여 제품을 만드는 것이 양심적이라고 생각하는 경
향이 있다. 그러나 그런 제품은 공예품이 될 수 있을지는 모르지
만, 최소한 상품이라고는 할 수 없다. 필요 이상의 품질을 고집하
는 경우에는 반드시 비용도 높아지고, 재료도 불필요하게 많이 사
용된다. 따라서 그것은 자원과 인력의 낭비이며, 그만큼 비싸게 사

야 하는 소비자의 입장에서는 허례가 되고, 공급자로서는 사회에 과소비를 부추기는 셈이 된다.

오히려 제조 기술의 진수는 사용자가 정말로 필요로 하는 기능을 최대한 만족시킬 수 있는 선에서 가능한 한 싸게 실현시키는 데에 있다. 그러기 위해서는 고객의 요구를 최대한 구체적으로 포착하고, 실현해야 한다. 과거에 이른바 명인의 기예는 고객을 위한 것이라기보다는, 오히려 제작자나 설계자의 창작 욕구를 충족시키는 것에 지나지 않는 것이 많았다.

외관을 보면 황홀할 정도로 멋지게 지어진 한 관공서 건물이 있었다. 그런데 직접 건물을 사용하게 되자 파일과 사물함으로 빽빽한 공간에서 조심스럽게 움직여야만 하는 상황이 되었으며, 낮에도 전등을 켜지 않고는 일을 할 수 없었다. 이러한 고충에 대해, 일하는 방식이 옳지 않기 때문이라고 설계자는 반박했지만, 그것은 신발 크기에 발을 맞추라는 군대식 발상과 다를 바 없다.

최근의 학생용 책상은 시계, 연필깎이, 라디오, 계산기 등이 부착되어 점점 중장비화되고 있는데, 이러다가 텔레비전까지 부착되는 것은 아니냐는 불평이 나오고 있다. 이렇게 되면 이미 공부를 하기 위한 책상이 아니라 레저용 책상이 되는 것이며, 도를 넘게 되는 것이다. 가전제품 역시 마찬가지로 마이크로칩의 발전에 의해 마음대로 기능을 추가할 수 있게 되었다. 부가가치를 더한다는 시도는 좋지만, 사용자 입장에서 보면 오히려 다루기 어려워졌다. 그래서 최근에는 반대로 기능을 단순화하는 것이 유행하게 되었다. 소비자의 진정한 요구를 실현시키기 위해 노력한다는, 바로 그 원점으로 돌아온 것이다.

판매 부문 vs. 제조 부문

지금까지는 제품이 팔리지 않으면 판매부가 제품 담당자에게 팔리는 물건을 만들어달라고 요구했다. 그러나 무엇이 팔릴지, 소비자가 상품에 대해서 요구하는 것이 무엇인지를 가장 잘 알고 있는 부서는 소비자와 가장 가까운 곳에서 일하는 판매부서이다. 여기서 나온 갖가지 요구와 기대를 구체적인 상품으로 구현시키는 것이 기술 부문이다. 그렇기 때문에 고객의 생각을 정확하게 파악하려고 하지 않고, 단지 제조나 설계 부문에 화풀이를 하는 것은 다른 과녁에 화살을 쏘는 것과 마찬가지다.

그렇다고 판매 분야 종사자들이 보고 들은 것이 소비자의 모든 요구를 나타낸다고 할 수는 없다. 유난히 목소리가 큰 소비자, 끈질지게 버티는 소비자, 다른 의도가 있어서 우기는 소비자 등 평균적이지 않은 목소리가 워낙 강렬하게 인상에 남아서 그것을 전체의 요구라고 착각하게 되는 경우도 있다. 때로는 판매 부진의 책임을 기술 부문에 떠넘기기 위해 그렇게 주장하는 경우도 있다.

제2차 세계대전 당시 전파병기 연구에 관여한 적이 있었는데, 미군은 계속해서 신병기를 만들어냈다. 제일선에서는 '그것이 없어서 진다, 빨리 만들라'고 채근해댔다. 그러나 서둘러서 개발하고 나면 미군은 이미 새로운 병기로 무장한 뒤였다. 그러면 이번에는 '그것만 있으면 반드시 이길 테니까 빨리 만들라'고 채근하게 된다. 이 '다람쥐 쳇바퀴 돌리기'를 반복하고 있는 동안 전쟁에서 지는 것이다.

웃을 일이 아니다. 판매부서와 공장 사이에 이런 식의 말다툼이 얼마나 수없이 반복되고 있는가! 판매 부문의 업무는 회사의 주어진 여건 하에서 어떻게 하면 시장의 요구를 만족시킬 수 있을까에 대한 구체적인 요구와 아이디어를 제조 부문에 제시하는 것이다. 그리고 그렇게 완성된 제품을 이번에는 어떻게 판매하고 어떻게 새로운 수요를 개척할지에 대해 연구하여 최선의 수단을 강구하는 것이다.

기업의 성쇠는, 최종적으로는 판매 부문의 힘에 의해 결정된다. 회사라고 하는 대식가를 지탱하기 위해서는 일반 서민이 보기에는 정신이 아득해질 만한 거액의 매출을 확보하지 않으면 안 된다. 아무리 우수한 기술자와 공장 설비도 매출이라고 하는 영양분에 의해서만 생존할 수 있는 것이다. 디자인이 독특하다든가 대대적인 홍보가 이루어졌다든가 하는 것은, 생각해보면 시장에서 경쟁 상품과 경합을 벌여 이기기 위한, 상대에게 핸디캡을 주기 위한 하나

의 소도구에 지나지 않는다. 매출을 구체적으로 확보하고, 수입을

높여주는 것은 역시 판매 활동이다.

'판매의 명인'이
태어나기 위한 첫 번째 조건

| 판매의 신은
| 어떻게 태어나는가

제조 부문도 그랬지만, 과거에는 판매나 영업 부문에서 그 분야의 달인이나 명인으로 불리는 사람들이 있었다. 그들은 주로 '직감'에 의한 판단으로 판매의 주도권을 움켜쥐는 경우가 적지 않았다. 여기서 '직감'은 때로는 비과학적이고 비합리적으로 보이기도 하지만, 의외로 사태의 본질을 정확하게 꿰뚫는 경우가 많다. 게다가 호황, 불황을 가리지 않고 어떤 상황에서도 성과를 올렸던 것 또한 사실이다. 판매의 명인이라는 위엄이 괜히 생기는 것이 아니다. 따라서 만약 그런 명인들로만 판매부서를 꾸린다면 사업이 번창하는 것은 당연할 것 같지만, 그렇게 엿장수 마음대로 되지 않는 게 또 사업이다.

명인을 양성하기 위해서는 먼저 시간이 걸리고, 밑천도 든다. 따라서 경기가 좋아지면 판매의 명인들을 가능한 한 많이 기용하겠다고 해봐야 이미 타이밍을 놓치게 된다. 또한 평상시에 가능한 한 우수한 인재들을 모아서 미리 훈련을 시킨다 해도 모두 명인이 될 수는 없다. 결국 상당한 손실을 감수하지 않으면 안 된다. 그렇다면 누구라도 쉽게 익혀 명인이 될 수 있는 판매의 법칙이나 매뉴얼 같은 건 없을까?

그런데 같은 회사 내에서도 제조 부문을 생각해보면 판매보다는 이 점에서 훨씬 유리하다. 즉 제조의 경우 이른바 노하우라는 것이 대개 경험적이거나 직감적인 것이라 해도 대부분의 경우 과학기술상의 보편적인 법칙을 통해 설명할 수 있다. 따라서 새롭게 닥칠 문제에 대처할 때에도 보편적인 해결 방법이 이미 주어져 있다고 생각하는 것이 일반적이다.

이에 반해 판매 분야는 목표로 하는 고객의 취향이나 구매력, 경제 상황, 타사의 대처 방식, 유행의 변화 등 거의 무한에 가까운 요인이 복잡하게 얽혀 있으며, 또한 항상 변화하고 있다. 그렇기 때문에 공장의 경우처럼 지배적인 몇 가지 요소를 파악하고 이것을 항상 최선의 상태로 유지할 수 있도록 노력만 하면 문제가 해결된다고 치부할 수 없다. 끝없이 변동하는 시장 상황에 따라 적절한 조치를 취할 수 있는 일반적인 해법이 있을지 생각해보았자 짐작도 가지 않는다. 때로는 판매의 명인들이 자신의 여러 가지 경험을 가르쳐주는 경우도 있지만, 대체적으로는 추상적이며 겉도는 이야기가 될 뿐이고, 보편적인 법칙이 되지 못한다. 따라서 명인들의 경험을 이용하는 데에도 역시 다른 특별한 재능이 요구된다.

공장에는 숙련공이라 불리는 달인들이 있다. 과학적인 관리 방법이 발달하지 않았던 당시에는 공장의 성쇠는 이 달인들의 손에 달려 있었다. 그러나 지금은 그들의 경험이 사회의 기술이라고 하는 형태로, 누구라도 사용할 수 있도록 매뉴얼로 정리되어 남아 있다. 그렇다면 판매에서도 당연히 이와 같은 일이 가능하지 않을까?

'반복'이 신을 만든다

우선 가장 먼저 고려해야 할 것은 명인이나 달인이 과연 어떻게 만들어지는가이다. 판매의 명인이라고 해도, 그것은 타고나는 것이 아니다. 회사에 갓 입사했을 때는 다른 신입사원과 마찬가지로 어이없는 실수도 저질렀을 것이다. 그러나 그들이 오늘날과 같은 명인이 될 수 있었던 것은 본인의 능력이 크게 작용한 것도 사실이지만, 역시 오랜 경험이 뒷받침이 되었기 때문이다. 공장의 숙련공도 마찬가지다. 오랜 숙련이라고 하는 것은 무서울 정도의 힘을 갖고 있는 것으로, 그 기량은 때에 따라서는 최첨단 기계를 넘어서기도 한다. 그러나 그 것도 세월을 들인 덕분이다. 이러한 숙련이 가능하기 위해서는 중요한 전제조건이 있다. 그것은 같은 일을 몇 번이고 반복하는 것이다. 결국 시장에서나 공장에서나 매일 마주하게 되는 현상이 아무리 복잡하고 종잡을 수 없어 보여도 무언가 공통적으로 반복되는 것이 있기 때문에 숙련이 가능해지는 것이다. 매일 대하는 현상이 완전히 제멋대로이고, 최선의 조건이 매일 변하고, 같은 일이 두 번 일어나지 않는다면 숙련공이나 명인은 존재하지 않을 것이다.

여기서 공통적으로 반복된다는 것은, 다음과 같은 것이다. 예전에는 공무원 하면 권위적이라는 이미지가, 상인 하면 겸손하다는 이미지가 강했다. 아무리 어린 학생이라고 해도 일단 손님이 되면 파는 사람의 입장에서는 말투가 정중해지는 것이 일반적이다. 세상에는 별난 사람도 있기 때문에 손님에게 고압적으로 대한다고 해서 물건이 전혀 팔리지 않는다고는 할 수 없다. 그러나 정중하게 손님을 대해야 장사가 잘된다는 것은 누구나 알고 있는 사실이다. 공통적으로 반복되는 일종의 매뉴얼이다.

제2차 세계대전 중, 모든 물건이 배급제가 되었을 때에는 상인 쪽이 오히려 큰소리를 쳤다. 지금도 통제경제를 유지하는 국가에 가면 무뚝뚝한 점원을 만나는 경우가 많다. 어찌 보면 당연한 것이다. 결국 어떤 판매 방식을 취하더라도 판매가 감소하는 일은 없기 때문이다. 따라서 무심코 인간의 본능을 그대로 내보인 것일 뿐이며, 이 또한 나름대로 공통적으로 반복되는 매뉴얼이 적용된 것에 지나지 않는다. 최근, 식당의 종업원을 구하기 힘들어지면서 종업원의 태도가 거만해졌다고 하는데, 이것도 같은 이치이다.

판매 전쟁이 격화되면 고객을 대하는 태도나 어투가 바뀌게 되며 영업 사원의 가장 중요한 덕목으로 강조되기도 한다. 그런데 이것이 지나치게 강조되어, 고객과 만날 때 담배를 피워도 되는가, 엘리베이터에 먼저 타도 좋은가, 무턱대고 머리를 숙이는 것이 좋은가 등을 고민할 정도까지 되면, 조금 복잡해진다. 너무 비굴해지면 오히려 안 좋은 인상을 줄 수도 있기 때문이다.

겉으로 보여지는 것은 그다지 중요한 게 아니라고 생각하는 사람이 있을지도 모른다. 그러나 어떤 태도를 보이느냐에 따라 상대에게 주는 인상이 달라진다는 것은 확실하다. 그리고 그 차이가 반복되다 보면 나중에는 신뢰라는 엄청난 결과를 얻게 되는 것이다. 결국 판매의 명인이란 오랜 경험과 예리한 직감으로 그러한 사소한 차이를 놓치지 않고 파악해서 능숙하게 이용하는 사람이라고 할 수 있다. 이것이 숙련이라고 하는 것이다.

우수한 판매 담당자는 결코 상대를 기분 상하게 하는 일이 없다. 그래서 윈도쇼핑만 할 생각으로 가게에 들어갔다가 나도 모르게 물건을 사게 되는 일을 종종 겪게 되는 것이다.

그렇다면 명인들은 이러한 반복의 효과를 항상 의식하고 있을까. 아마도 피부로 감지하고 있다고 하는 편이 적절할 것이다. 어찌 되었건 명인을 만드는 첫 번째 조건은 눈앞에 펼쳐진 현상들 속에서 '반복'의 힘을 발휘할 수 있는 요인들을 정확히 캐치해내는 것이다.

이처럼 일견 복잡하고 끊임없이 변하는 것처럼 보이는 현상 속에서 공통적으로 반복되는 요소를 발견하는 과학적 방법이 바로 통계 이론이다. 원칙적으로 통계적 방법에 의하면 아무리 작은 차이라도 그것을 검출해내는 것이 가능하다. 통계! 말만 들어도 머리가 지끈거리는 사람이 있을지도 모른다. 그러나 통계 이론은 실제로 그렇게 어려운 것이 아니다.

식품 회사 사장이 된
두부 장수의 성공 비결

| 매출액을 두 배 늘린
| 마을지도

도쿄의 주오센中央線 선로에 고엔지高円寺라고 하는 역이 있다. 제2차 세계대전으로 고엔지는 소실되었지만 역을 중심으로 주택가가 형성되었다. 당시에는 주변에 상가가 거의 없어 주로 행상인들에게 물건을 샀는데, 그러는 동안 나는 어느 두부 장수와 친해지게 되었다. 그는 매일 손수레를 끌며 두부를 팔러 다녔다. 그런데 사회가 안정기에 접어들자 모든 분야에서 경쟁이 심해졌으며, 마침내 두부 장수에게도 경쟁자가 생겨 장사가 어려워졌다.

어느 날 그 두부 장수가 다른 장사를 해봐야겠다며 푸념을 늘어놓길래 나는 이렇게 말해주었다.

"그래도 가장 먼저 시작했는데, 나중에 온 사람들에게 진다면 억울하지 않습니까, 조금 더 힘을 내세요."

그러자 그는 더 힘이 빠진 목소리로 말했다.

"아니요, 매일 이렇게 물건이 남아서는 방법이 없어요."

나는 잠시 생각해보았다.

"아저씨, 제가 두부 파는 것을 도와드릴까요?"

두부 장수가 놀란 표정을 지었다.

"두부 장사를 해본 적이 있수?"

"아니요, 해본 적은 없지만, 파는 건 어려울 거 없습니다!"

아저씨가 이번엔 언짢은 표정을 지으며 말했다.

"이 장사 그렇게 쉬운 게 아니유, 팔 수 있으면 어디 팔아보슈."

"그러면 아저씨, 내일 집을 나설 때 어떤 것이라도 좋으니 시계를 갖고 나와주세요. 단 정확하게 시간을 맞춰두지 않으면 안 됩니다."

아저씨는 영문을 몰라 했지만, 물에 빠진 사람이 지푸라기라도 잡는 심정이 되었다.

"그런데 어느 마을을 돌아다닐 거유?"

나는 그날로 마을 회관에 가서 두부 장수가 돌아다닐 마을의 지도를 빌려와 300장 정도를 복사했다.

다음 날 아침, 두부 장수가 오자, 나는 그 지도를 건네주고 이렇게 지시했다.

"오늘부터 손수레를 끌고 걸으면서 이 지도 위에 경로를 그리세요. 그리고 두부가 팔리면 시계를 보고 그 시간과 장소를 지도에 표시해두세요."

아저씨는 여전히 영문을 모르겠다는 표정이었지만, 아무튼 두부를 팔아준다니 반대할 이유가 없었다. 그는 내가 시킨 대로 매일 그 지도에 표시를 해서 내게 건네주었다.

보름도 지나지 않아 감이 잡혔다. 그래서 나는 한 장의 지도를 아저씨에게 건네주며 말했다.

"이 지도대로 움직이세요! 지도에는 돌아다닐 경로가 명확하게 그려져 있고, 시간도 지정되어 있습니다. ○시 ○분, ○○에 출발해서, ○○에 도착하면 종을 울리고 3분 간 정지해 있으세요."

즉 버스의 운행시간표와 같은 것이다.

아저씨는 반신반의하면서도 그대로 움직인 결과, 평소의 반도 지나지 않아 두부가 동이 나버렸다. 무척 기뻐하며, 다음 날에는 두부를 50퍼센트 더 갖고 나왔지만 그것도 전부 팔렸으며, 마침내 4일째에는 이전의 두 배 반까지 팔 수 있었다.

그것으로 완전히 기세가 오른 두부 장수는 의지를 불태우면서 노력한 덕분에 장사는 점점 확장되었고, 그로부터 10년이 지나지 않아 작은 공장을 세웠으며, 지금은 식품 회사의 사장이 되었다.

성공 내막은 이미 짐작했을 것이다. 도쿄 주오센의 운행 구간은 전형적인 샐러리맨의 밀집 지역이다. 샐러리맨들의 아침 시간은 아주 정확하다. 그 증거가 있다. 주오센의 전철은 열 량 이상의 차량이 1분 간격으로 움직일 정도로 혼잡하다. 그런데 신기하게도 매일 아침 같은 전철의 같은 차량에 대부분 같은 사람이 타고 있다. 이는 매일 아침 일어나는 시간이 일 분도 다르지 않다는 것을 말해 준다. 이를 닦는 시간도 같고, 주부가 "두부 아저씨!" 하고 외치며 뛰어나오는 시간도 거의 같으며, 뛰어나왔을 때 두부 장수가 있다면 물론 반드시 사게 된다.

원리는 이것뿐이다. 물론 기억력이 좋은 두부 장수라면 어떤 주부가 대체로 몇 시쯤에 두부를 사고, 특히 유부를 좋아한다는 것까지 파악했을지 모른다. 그러나 아침의 승부가 몇 분 안에 결정된다는 것은 정확한 시계와 데이터의 축적에 의해 비로소 발견된 것으로, 경험이나 직감만으로는 얻기 힘들다.

모든 손님의 입맛을 사로잡은
식당의 비밀

| 고객 카드의
| 위력

식당은 음식을 파는 곳이기 때문에, 음식 맛이 좋은 것은 당연하다. 그러나 과연 그렇게 단언할 수 있을까.

나고야의 한 음식점 이야기를 해보자. 그곳은 몇 년 전부터 음식이 맛있다는 이유로 단골이 급격하게 증가했다. 주방장의 솜씨가 특별히 좋은 것도 아닌데 모두들 맛있다며 칭찬 일색이다.

그 내막은 다음과 같았다.

그 음식점에는 지금까지 그곳을 찾은 모든 고객의 카드가 확실하게 정리되어 보관되고 있다. 고객이 식사를 끝내면 종업원이 식탁을 정리하러 오는데, 그 종업원이 고객이 남긴 음식이나 술 등을 조사해서 카드에 기입하는 것이다. 이 카드는 이후 주방장의 가장 귀중한 데이터가 된다. 이것을 보면 고객의 취향을 한눈에 할 수 있다.

그래서 눈에 익은 고객이 보일 때에는 카드를 슬쩍 보면 된다. 고객 입장에서는 자신이 좋아하는 것만 나오기 때문에 맛이 없을 리가 없다. 호평이 나올 수밖에 없는 것이다.

사실 이것은 예전의 일류 요릿집에서는 당연한 것이었다. 특별한 고객이 왔을 때에는 주방장이 나와서 감사의 뜻을 표하는 일도 드물지 않았다. 그래서 당시에는 단골 고객의 입맛을 아는 것이 일류 요리사가 갖추어야 할 기본 중의 기본이었다.

이것을 카드로 부활시킨 것이 이 요릿집이었으며, 비결은 통계를 이용한 것이다.

그렇다면 음식점 같은 개인 장사가 아닌 기업이나 관공서의 경우에도 통계를 이용한 고객 관리가 가능할까?

해답은 다음 이야기에 있다.

데이터 활용이 접대 효과를 높인다

학회에서 한 대기업의 철망 제조업체를 찾아갔을 때의 일이다. 공장 견학을 한 후 회의가 끝나고 점심시간이 되었다. 제공된 도시락을 먹으며 잡담을 하고 있는데, 한 젊은 기술자가 내게 이렇게 말하는 것이었다.

"선생님은 시장조사의 전문가라고 들었습니다만, 많은 사람을 상대로 하는 그런 통계 조사는 우리 회사에는 그다지 도움이 되지 않습니다."

"왜 그렇습니까?"라고 내가 묻자,

"그러니까, 우리 회사의 영업 실적은 국제 정세나 정부의 방침 등에 의해 대체로 결정되기 때문에 설문이나 동기 조사 같은 것은 의미가 없습니다."

그래서 나는 다시 물어보았다.

"과연 그럴지도 모르겠습니다. 그런데 궁금한 게 있군요. 제가 근무하는 곳은 일본전신전화공사(지금의 NTT, 즉 일본전신전화주식회사)로, 당신의 회사와는 아무런 거래가 없는데도 이렇게 도시락을 대접받는 것은 정말로 감사하게 생각합니다. 그런데 만약 제가 ○성의 ○○국장이나, 조선소의 임원이라면 어떨까요. 이 정도의 도시락으로 끝나지 않겠죠. 어쨌든 저녁까지는 붙잡아두고, '댁에 돌아가셔서 식사를 하는 거나, 저희와 함께하는 거나 시간적으로 그다지 차이가 없으실 것입니다'라며 어딘가로 데리고 가겠죠. 이럴 경우, 오늘 밤에 요릿집으로 갈 것인지, 레스토랑으로 갈 것인지 아니면 긴자의 나이트클럽까지 갈 것인지는 대개 누가 결정하고 있습니까?"

이런 질문을 하자 상대는 말문이 막혔다. 이런 경우, 접대는 상대의 의중을 파악한다든가 아니면 뭔가 다른 반대급부를 기대하는 가운데 이루어지는 것임에 틀림없다. 따라서 접대의 방식에 따라 효과에도 차이가 날 것이다. 술을 잘 마시지 못하는 사람을 일본 요릿집에 데리고 가면 처량해진다. 노래 못하는 사람을 가라오케에 데리고 가면 손가락만 빨며 다른 사람이 노래하는 것을 바라보고 있을 수밖에 없다.

따라서 어차피 돈을 쓰는 것이라면, 미리 잘 생각해서 그 효과도 계산한 후에 접대해야 한다. 그리고 만약 정말로 국제 정세만으로 영업 실적이 결정된다면, 어떠한 접대를 해도 영업 실적에는 차이가 없다는 결론이 나올 것이다.

그렇다면 그 나름대로 접대의 방법을 생각해야 한다. 여기서 말하는 효과란 꼭 그에 상응하는 반대급부만을 말하는 것은 아니다. 모처럼 귀중한 사람과 만나 돈을 쓴다면 상대를 즐겁게 할 수 있는, 보다 효과적인 방법을 선택하는 것이 낫다는 것이다.

그래서 데이터를 수집하고 통계를 만드는 것은 판매뿐만이 아니라, 기업 활동의 모든 면에 있어서 극히 유용한 것이다. 그리고 사안에 따라서는 통계가 아니면 알 수 없는 문제, 해결할 수 없는 문제가 있다.

2

'판매를 위한 시장조사'는
이 부분이 다르다

판매를 위한 조사는 말할 필요도 없이 학문적인 조사와
는 목적이 전혀 다르다. 데이터의 분석 역시도 그 목적
을 실현시키기 위한 단서를 잡는 방향에서 행해져야 한
다. 그리고 그 데이터가 되는 숫자에서 장밋빛 꿈을 그
릴 수 없다면 아무 소용이 없다. 사실에 대한 기술로만
끝난다면 최소한 판매를 위한 조사로서는 낙제점이다.
목적에 맞는 방법이나 아이디어가 창출되고 새로운 발
견이 있어야 한다는 것이 절대적인 필요조건이다.

판매를 위한
시장조사가 필요한 이유

| 판매가
| 예측대로 되는 경우는 없다

인간은 논리를 만들어낼 수 있는 동물이다. 그리고 언제부터인지는 모르지만, 인간은 논리의 축적을 통해 추리하는 능력을 갖게 되었다. 수천 년 전의 문명 유적에서도 그러한 능력이 없이는 실현할 수 없는 놀라운 흔적을 볼 수 있다. 특히 추리 능력은 자연현상을 대상으로 했을 때 엄청난 결과를 불러오게 되는데, 바로 자연과학의 발달이다.

그러나 논리적 추리는 인간을 대상으로 할 경우에는 위험하다. 인간은 감정의 동물이라 논리적이지만은 않으며, 때에 따라서는 누구도 예측할 수 없는 행동을 하기도 한다. 게다가 세상의 모든 현상이 명확한 인과율에 따라 진행되는 것은 아니다.

학문의 경우 문제를 단순화시켜 다루는 것이 인정된다. 물속에 있는 미미한 불순물 때문에 데이터가 혼동되어 규칙성을 발견하기 어려울 때에는 미리 불순물을 제거한 증류수나 순수純水를 사용하는 것은 흔한 일이다.

그런데 판매의 세계에서는 대상이 인간이다. 인간은 십인십색이라고 하는데, 한 사람 한 사람의 얼굴이 다르듯이 그 성격이나 취미도 다르며, 감정 상태도 각각 다르다. 따라서 순수화시켜서 데이터를 얻는 것이 어려우며, 설사 그러한 데이터를 얻었다고 해도 그 결과가 다른 곳에도 적용될 수 있다는 보장은 없다. 오히려 조건을 정리하기 위해 세세한 것을 제한하면 할수록 그 결론의 일반성은 사라지는 것이 보통이다.

자연과학 분야에서는 그렇게도 뛰어난 위력을 발휘한 인과율이 판매 세계에서는 마치 신통력을 잃은 것처럼 되어버리는 것이 다 그 때문이다. 물론 어떤 상품이 크게 성공했을 경우, 정말로 그럴듯한 이유가 붙었을 때 '과연 그렇군' 하고 감동하는 경우도 있다. 그렇지만 실제로 그렇다고 믿는다면 이는 조금 순진한 생각이다. 대부분의 경우 그것은 '사후 확신(Hindsight)'이다. 따라서 예전의 성공 전략을 그대로 충실하게 실행한다고 해도 성공을 보장할 수 없는 것이다.

"신제품을 발매했을 때 처음 예상했던 그대로 되는 경우는 절대 없다."

이것은 어느 유명한 가전제품 회사 사장의 말이다.

"전부 그렇다고는 할 수 없죠?"라고 내가 묻자,

"아니요, 동전을 던져 앞면이 나오게 하는 경우 두 번에 한 번은 맞겠죠. 예상대로 되었다고 해도 정말로 그러한 것인지, 요행으로 맞은 것인지는 알 수 없습니다. 처음에는 신중하게 생각하지만 생각대로 되는 것이 아니기 때문에, 발매가 되면 여하튼 죽자 사자 전력하는 방법밖에 없습니다."

그렇다고 논리적 데이터가 전혀 도움이 되지 않는 것은 아니다. 인과율에 의한 추리가 제대로 적용되는 경우도 상당히 많다. 다만 대상이 사물인 경우와 비교하면 사람이 대상일 경우 적용되지 않는 경우가 많을 뿐이다. 게다가 가장 중요한 순간, 예를 들어 신제품의 개발이라든가 가격의 설정과 같은 경우 데이터에만 의존하는 것은 위험하기 때문에 문제가 된다.

논리적 분석만으로는 판매의 성공을 보장할 수 없다

힘들게 고생해서 개발한 제품이라도 발매 직전에 타사에서 더 눈에 띄는 새로운 제품을 발매했다면 처음의 예상대로 판매될 리가 없다. 광고 역시도 좀처럼 논리대로 되지 않는 대표적인 분야이다. 어떤 상품이 팔리지 않았을 때 '시장에는 어쩔 수 없이 도박적인 요소가 있다'라고 정리해 버려서는 안 된다. 기업에게 요구되는 것은 영속성이다. 한 번의 승부에서 지면 끝이라는 논리는 도박에서나 가능하지, 기업 경영에는 결코 용인되어서는 안 된다.

따라서 안정된 경영을 위해서라도 모든 방법을 동원해 미래를 위한 활동을 지속하지 않으면 안 된다. 어떤 상품이 팔리지 않았을 경우, 왜 팔리지 않았는지 그 원인과 결과를 아무리 명쾌하게 설명한다고 해도, 그것만으로는 아무런 도움도 되지 않는다.

또한 데이터를 모으기만 한다고 해서 반드시 성공하는 것은 아니다. 다음의 이야기를 들어보라.

시장조사가
도움이 되지 않는다고?

"시장조사와 여심은 믿을 수 없다"

일본의 오토바이 사업을 세계 최고의 수준까지 끌어올린 사람이 바로 혼다 소이치로(本田 宗一郎, 1906~1991, 일본의 기업가로 혼다모터 사의 창업자 – 옮긴이)인데, 그가 다음과 같은 명언을 한 적이 있다.

"시장조사와 여심은 믿을 수 없다."

실제로 한심할 정도로 도움이 되지 않는 조사가 상당히 많다. 최근에는 어느 회사건 무언가 새로운 기획을 하게 될 경우 설문지를 돌리거나 직접 인터뷰에 나서는 등 조사에 무척이나 열심이지만, 그것이 결정적인 역할을 하는 경우는 의외로 그다지 많지 않다.

그 이유는 대체로 다음 두 가지에 있다.

먼저 첫 번째는, 도움이 되지 않는 것을 조사하는 것이다. 도움이 되지 않는 것을 조사해봤자 도움이 될 리가 없다. 이렇게 말하면 궤변처럼 들릴지 모르지만 조사에서 중요한 것은 먼저 무엇을 조사할 것인가이다.

앞에서도 몇 번이고 데이터의 중요성을 강조했지만, 조사 결과나 데이터라는 것은 실체 자체를 나타내는 것이 아니라 하나의 그림자일 뿐이다. 그림자는 빛의 각도에 따라 형태가 변한다. 따라서 엉뚱한 각도에서 빛을 비추면 그 실체를 추측하는 것은 전혀 불가능하게 된다. 둥근 쟁반도 옆에서 직선으로 빛을 비추면 그림자는 하나의 막대기처럼 된다.

속담에 장님 코끼리 만진다는 이야기가 있는데, 코밖에 만지지 못한 사람은 두꺼운 다리라든가 긴 엄니를 상상할 수 없다. 만약 긴 엄니가 있다는 것을 맞혔다고 해도 그것은 요행으로 맞힌 것이며, 최소한 무언가의 근거에서 나온 추측, 즉 과학적 추리라고 할 수 없다.

그래서 데이터는 무조건 모은다고 되는 것이 아니다. 그 데이터 수집을 위한 계획이 중요하다. 어떤 데이터를 통해서 얼마만큼의 이야기를 할 수 있는가는 그 수집 방법을 결정하는 순간에 결정되는 것이며, 그 이상의 것을 데이터에서 읽는 것은 원칙적으로 불가능하다.

두 번째는, 모처럼 도움이 되는 데이터를 수집했음에도 그 데이

터를 읽는 방법, 즉 결론의 도출 방법을 몰라서 도움이 되지 않는
경우로 이 또한 그 사례가 적지 않다.

맨발로 다니는
섬에 온 두 명의 세일즈맨

| 수요 제로 VS.
| 유망 시장

우화 같은 이야기 한 토막. 두 사람의 세일즈맨이 문명의 손길이 닿지 않은 섬으로 신발을 팔러 갔다. 여러 가지를 조사한 뒤 그중 한 사람이 다음과 같은 보고서를 보냈다.

'이 섬에 와보았더니 사람들이 모두 맨발로 다니고 있다. 신발을 신고 있는 주민은 한 사람도 없다. 물론 신발 가게도 없다. 따라서 이 섬에서의 신발의 수요는 제로. 전망이 없다.'

그런데 다른 한 사람은 전혀 다른 결론을 내렸다.

'이 섬에 와보았더니 다행스럽게도 모두 맨발로 다니고 있다. 이 거다! 모두 신발을 신고 있다면 한 켤레를 파는 것도 힘들지만, 원

래 맨발이기 때문에 신발을 신는 습관만 심어주면 얼마든지 팔 수 있다. 가장 유망한 시장이다.'

똑같은 상황을 본 두 사람이 정반대의 결론을 내린 것이다. 한 사람은 팔릴 전망이 없다고 한 반면, 다른 사람은 가장 유망한 시장이라고 보고했다. 말할 필요도 없이 첫 번째 세일즈맨의 보고서는 쓸모가 없다. 그러나 안타까운 일이지만, 일반적인 회사에서는 첫 번째와 같은 보고서가 설득력을 갖는다. 논리의 흐름에 전혀 모순이 없으며 데이터의 근거도 있다. 따라서 결론에 반대할 이유는 하나도 없다.

그런데 여기서 중요한 것은, 모순이 없는 논리 정연한 추론에다가 충분한 데이터가 뒷받침되어 있다는 것과 그것이 유용하다는 것은 별개라는 점이다.

여기서 문제는 무엇 때문에 이렇게 정반대의 결론이 나왔는가 하는 이유를 정확히 아는 것이다. 첫 번째 보고서는 단순한 사실의 기술에 지나지 않았다. 이에 반해 두 번째 보고서는 목적의식에서 출발했다는 것이 차이점이다. 판매를 위한 조사는 말할 필요도 없이 학문적인 조사와는 목적이 전혀 다르다. 데이터의 분석 역시도 그 목적을 실현시키기 위한 단서를 잡는 방향에서 행해져야 한다. 그리고 그 데이터가 되는 숫자에서 장밋빛 꿈을 그릴 수 없다면 아무 소용이 없다.

아무도 신발을 신고 있지 않다면 보급률이 제로이기 때문에 100

퍼센트에 이르기까지는 판매가 보장되는 성장 시장이라고 받아들이는 것이다. 만약 이미 신발이 보급되어 있어서 모두가 신고 있다면 신발을 신는 습관이 정착되어 있는 것이기 때문에 신발을 신는 것에 대한 교육은 필요 없다. 판매에 있어서는 오히려 노력이 절약되어 팔기 쉬운 경우라고 생각하면 된다. 그 경우에는 신발을 신고 있는가 아닌가보다는 오히려 지금 신고 있는 신발에 소비자가 만족하고 있는가, 조금 더 신기 편한 신발을 만들기 위해서는 어떤 점을 개선해야 하는가에 대해서 철저하게 조사해야 할 것이다.

이처럼 긍정적인 사고방식을 지님으로써 새로운 아이디어가 창출되며, 그 아이디어를 실현시킴으로써 소비자는 보다 좋은 상품을 공급받을 수 있게 되고, 궁극적으로는 보다 풍요롭고 살기 좋은 사회가 구현되는 것이다.

사실에 대한 기술로만 끝난다면 최소한 판매를 위한 조사로서는 낙제점이다. 목적에 맞는 방법이나 아이디어가 창출되고 새로운 발견이 있어야 한다는 것이 절대적인 필요조건이다.

판매의 아이디어를
얻기 위한 네 가지 전략

| 아이디어는 발견이다

판매는 아이디어의 승부라 창조성의 개발이 중요하다는 말들을 많이 한다. 특히 홍보나 광고 분야에서는 크리에이터와 같은 직접적인 단어까지 사용하고 있다.

아이디어가 중요하다는 것은 새삼 강조할 필요가 없는 것인데 그렇다면 아이디어란 도대체 무엇일까.

'아무리 훌륭한 아이디어라고 해도 결국은 그 사람이 이전까지 알고 있던 것의, 새로운 조합의 발견이다.'

이런 말을 하면, '아니다. 나는 자고 있는 동안에 생각지도 못했던 것이 갑자기 떠오르는 경우가 있다'고 주장하는 사람이 있을지도 모른다. 그러나 만약 잠이 깬 후에 그 내용을 도면으로 만들거나 다른 사람에게 전달하고자 할 경우, 결국은 그 사람이 지금까지 알고 있던 말이나 방법, 도구 등을 조합하는 것 외에는 달리 방법이 없다. 즉 아이디어란 그 사람이 이전까지 갖고 있던 정보들의 새로운 조합의 발견이다.

이렇게 생각하면 아이디어를 만들어내는 데에는 다음과 같은 네 가지 단계가 필요하다는 것을 알 수 있다.

① 사실을 알 것

먼저 아이디어를 짜내기 위해서는 무엇이든 가능한 한 많이 알고 있어야 한다. 정보가 많으면 그만큼 조합도 많아진다. 책을 읽는 것도 좋고, 다른 사람의 이야기를 듣는 것도 중요하다. 그러나 가장 중요한 것은 세상에 어떤 일이 일어나고 있는지 자신이 직접 알아보는 것이다. 책이든 다른 사람의 이야기든 그것들은 모두 사실 자체가 아니라 누군가의 머릿속을 통과한 일종의 해석이다. 따라서 한 번 걸러진, 사실의 일부밖에 전달되고 있지 않다는 점을 반드시 명심해야 한다. 물론 사실에 직접 부딪힌다고 해도 전체적인 상황을 모두 파악할 수 있는 건 아니지만, 그것을 통해 얻을 수 있는 정보의 질과 양은 전달을 통해 듣는 경우와 비교할 수 없을 정도로 뛰어나다.

원래 우리들의 일상 업무는 사실과의 싸움이다. 아무리 이론적으로 예측이 가능하다 해도 실제로 그렇게 되지 않는다면 그것은 모두 탁상공론에 불과하다. 이론과 실제가 반드시 일치하는 것은 아니라고 말하는 사람도 있지만, 판매 분야에 있어서는 이론과 실제가 반드시 일치해야 한다. 정교한 이론으로 계획을 세우고 실행하는 것까지는 좋았는데, 상품이 팔리지 않고 반품이 산처럼 쌓인다면 회사는 파산한다. 그럴 경우, 이론과 실제가 일치하지 않는 경우도 있다는 식으로 얼버무릴 수는 없다. 따라서 사실과 싸우기 위해서는 무엇보다도 먼저 사실을 잘 알아야 한다.

② 규칙성을 발견할 것

사실 속에는 다양한 규칙성이 있다. 무작위로 일어나는 일은 어차피 이용 불가능하므로 규칙성이 있는 것만을 추출해서 그것을 조합하는 것이 아이디어이다.

학문 세계의 법칙도 그렇게 해서 발견된 규칙성이라고 할 수 있는데, 단 여기서 주의해야 할 것이 있다. 법칙에도 수명이 있다는 점이다. 법칙의 수명이라고 하면 이상하게 들릴지도 모르겠지만 자연과학의 법칙을 떠올리면 이해가 쉬울 것이다. 물론 자연과학의 법칙에는 수명이 긴 것이 많다. 그러나 세계적인 물리학 교과서에 실린 법칙이라도 그것에 부합하지 않는 사실이 하나라도 발견된다면 그 법칙은 부정된다는 것이 자연과학의 철칙이다. 그리고 거의 매년 효력을 다하고 역사 속으로 사라지는 법칙이 생겨난다.

따라서 수십 년 전의 경제학자나 사회학자가 말한 법칙을 현실에 적용시키고자 할 때에는 그 수명에 대해 상당히 신중하게 체크하지 않으면 위험하다. 제2차 세계대전 이후의 일본의 급속한 변화에는 구미 제국에서 발견된 거의 모든 경제학의 법칙이 적용되지 않았다는 점을 떠올리기 바란다. 특히 일본인의 소비 행동은 특이해서 구미 학자들의 이론으로는 이해할 수 없는 것이 대부분이다.

따라서 우리들 자신의 손으로 새로운 법칙을 발견해내야 하며, 거기에는 그만큼 즐거움도 많다. 반대로 일본에서 해외 시장으로 진출할 때에는 나름대로 그곳에 대응하는 법칙을 발견해야 한다는 것도 잊지 말아야 한다.

서점에 가면 수많은 책이 있지만, 거기에 쓰여 있는 것은 모두 과거에 존재했던 역사의 한 장면일 뿐이며, 그것이 지금도 살아 있다는 보장은 없다는 생각으로 보아야 한다.

③ 조합을 만들 것

일반적으로 추리라고 하는 작업이다. 여기서 중요한 것은 말할 필요도 없이 자유로운 정신이다. 무엇을 생각하고 무엇을 말하든 상관없다는 분위기가 조성되지 않으면 조합은 늘어나지 않는다. 이는 과거의 역사를 보아도 명확하다. 근대 문명의 계기가 된 것은 '이탈리아의 르네상스'라고 하는데, 이는 교회의 권위가 쇠퇴

해져 자유로운 발언이 가능하게 된 것에서 시작되었다. 생각의 자유를 억압당하는 사회에서 독창적인 것이 태어나기란 극히 어렵다.

따라서 모든 조합에 대해 그것이 가능할지 아닐지는 제쳐두고 일단 만들어보는 것이다.

창조성 개발법으로 유명한 가와키타 지로(川喜田二郎, 1920~, 일본의 문화인류학자, 지리학자 - 옮긴이)의 KJ법(가와키타 지로가 발견한 발상법으로, 그의 이름에서 첫 글자를 따 KJ법이라고 명명했다 - 옮긴이)은 그 자리에서 나온 말을 모두 카드에 적어둔 후 여러 가지 그룹으로 나누고 조합하는 것이다. 그렇게 함으로써 말의 순서가 무시되고 이전까지의 고정관념에서 벗어나기가 쉬워지는 것이다.

그런데 이런 작업들을 통해 만들어진 아이디어들을 모두 활용할 수 있는 것은 아니다. 그 가운데 멋진 것 한 가지를 골라내기 위한 작업이 남아 있다.

④ 평가를 할 수 있을 것

생각해보면 뛰어난 아이디어맨은 평가의 명인이라고 할 수 있다. 아무도 하지 않는 독특한 제안을 하는 것만으로 '저 사람은 아이디어맨이다'라고 할 수는 없다. 다른 사람들은 감히 생각할 수 없는 독특한 생각을 하는 사람은 세상에 얼마든지 있다. 명인과 일반인의 차이는 독특한 발상에 있는 것이 아니라, 거기에 덧붙여 그것을 평가할 수 있는 능력에 있는 것이다.

따라서 뛰어난 아이디어를 만들어내기 위해서는 무엇보다도 많이 알아야 하고 순간순간 떠오르는 아이디어들이 활용 가치가 있는지 평가할 수 있어야 한다.

호기심과 목적의식이
아이디어를 만들어낸다

| 압박이
| 창의력을 키운다

판매의 아이디어를 얻게 하는 힘은 호기심이다. 창조성은 어떠한 것에도 흥미를 갖는 호기심에서 생겨난다. 원래 인간은 호기심을 갖고 태어난다. 아이들은 정말로 호기심 덩어리이다. 그래서 발전이 빠른 것이다. 그런데 나이가 들면 점차 호기심을 잃게 되어 무엇을 봐도 시시하고, 전혀 흥미를 끌지 못하는 것이다. 젊음의 기준은 나이가 아니라 호기심이라는 주장이 설득력을 갖는 것도 그 때문이다.

더욱 중요한 것은 호기심을 불러일으키는 원동력이다. 창조적인 생각은 목적의식을 갖고 정신을 집중했을 때 생긴다. 그렇다. 목적의식을 통해 정신에 압박을 가하는 것이다. 태평스런 분위기에서는 아이디어는 좀처럼 솟아나지 않는다.

쫓기는 마음에서 기발한 아이디어가 생겨나는 것이다. 기한이 충분함에도 빈둥빈둥대다가 막판에 머리띠를 동여매고 정신없이 마무리하는 모습은 왠지 칠칠맞지 못해 보일지 모른다. 그런데 미리 준비를 해두면 좀더 좋은 작업이 되는가 하면 반드시 그렇지도 않다. 하고 싶은 마음도 없으면서 지루하게 자리를 지키고 앉아 있는다고 해서 기발한 아이디어가 나오는 것은 아니다. 원래 아이디어라고 하는 것이 그런 것이다.

경쟁이 발전의 원동력이라는 생각은 그러한 원리에 기반한 것이다. '국가가 혼란스러울 때 충신이 나타나며, 집안이 가난할 때 효자가 나온다'는 것도 같은 이치다. 어느 분야가 됐든 국제 경쟁력을 갖춘 분야를 보면 치열한 경쟁 속에서 하루하루를 보내는 경우가 대부분이다.

선도적 경영자란 성공의 길을 달리고 있는 순간에도 다음에 올 위기를 예견할 수 있는 사람이다. 하나의 문제를 해결하면 반드시 다음 문제가 생겨나는 것이 인간사다. 그리고 그러한 문제로 스스로를 압박하면서 무언가 해결하려고 노력하는 과정에 자신도 예상하지 못했던 멋진 비약이 이루어지는 것이다.

앞의 '맨발로 다니는 섬에 신발을 팔러 간 세일즈맨'의 일화에서도 목적의식의 중요성을 이야기했지만, 그러한 목적의식은 당연히 경영 방침에서 나오는 것이다. 과연 회사는 지금 무엇을 해야 하는

가, 어떤 방향으로 나아갈 것인가, 하는 방침이 확고하게 세워져
있어야 한다. 자나 깨나 늘 목적의식을 생각하고 있으면 매일 보거
나 부딪히는 것 모두가 목적의식으로 연결된다.

사실 발전하는 기업에서는 모든 사원이 경영자의 사고방식, 경영
방침을 잘 알고 있다. 따라서 판매의 제일선에 있는 세일즈맨은 물
론 공장에서 물건을 만드는 사람, 도면을 그리는 사람, 외주 업체
를 관리하는 사람 모두가 같은 방향을 향해 업무를 진행해나가기
때문에 결과적으로 멋진 성공을 거둘 수 있는 것이다.

예측을 토대로
행동하는 것의 위험성

| 쓸데없는
| 수요 예측

상당히 오래전 일인데, 카본 전극을 만드는 한 제조 회사에서 내게 "일본 경제의 10년 후를 예측한 데이터는 없습니까?" 하고 물은 적이 있었다. 당시 우리들은 일본전신전화공사에서 일본 전화망의 장기 계획을 세우고 있었기 때문에 여러 가지 기초 자료를 갖고 있었다. 그러나 그것을 그대로 넘겨줄 수는 없었으며, 또한 그것이 도움이 될지도 알 수 없었다. 그래서 무엇에 쓸 것인지를 묻자 그 회사의 10개년 경영 계획을 만들기 위해서라고 했다.

그렇다면 우리가 갖고 있는 자료는 도움이 되지 않기 때문에 제공할 수 없다고 했지만, 그건 아무래도 상관없다며 간단하게 물러

설 기미를 보이지 않았다. 그 데이터를 어떻게 사용할지 짐작이 되지 않는 것은 아니었다. 먼저 10년 이후의 일본 경제 규모의 수치가 파악되면 '전극을 사용할 알루미늄의 수요는 얼마, 소다는 얼마' 하는 수치가 나온다. 그러면 전극의 총수요량을 산출할 수 있기 때문에 거기에 회사의 예상 점유율을 곱하면 얼마만큼의 공장이 필요한지 알 수 있는 것이다.

다른 모든 회사에서도 이런 방법으로 계획을 세우고 있다. 그러나 10년 후의 경제 규모를 예측해서 경영 계획을 짜는 것은 그다지 도움이 되지 않는다. 우선 10년 후의 예측에는 상당한 오차가 따르게 마련이다. 거기에 알루미늄이나 소다 등으로 세분화하면 다시 오차가 겹쳐진다. 그래서 전극의 총수요량 수치가 산출되었을 때는 말 그대로 오차의 덩어리가 된다. 그런데 거기에 점유율까지 곱했을 때에는 완전히 괴물이 되는 것이다.

"그런 식의 계산을 하니 '연율 몇 퍼센트 상승'이라는 어림짐작으로 결정하는 편이 차라리 나을 수도 있습니다."

그렇게 말하자 상대는 무척이나 불만스러운 표정을 짓는다.

그래서 반대로 물어보았다.

"만일 N경금속이라는 회사가 10년 후에 알루미늄을 지금의 100배로 생산할 거라는 확실한 정보를 얻었다면, 당신 회사의 매출은 지금의 몇 배가 되는 것입니까?"

그러자 그가 머리를 긁으며, 우물쭈물하더니 대답했다.

"아니요, N경금속은 다른 계열이기 때문에 알 수 없습니다."

"그러면 개별적인 회사를 들지 않고, 10년 후 일본에서의 전극 수요가 확실하게 100배가 된다고 했을 때 당신 회사는 어느 정도까지 팔 수 있습니까?"

10년 동안에 100배를 생산하는 것은 어렵다. 무엇보다 공장을 어떻게 세울 것인가? 돈도 사람도 필요하다. 기술자는 적어도 지금의 10배는 필요할 것이다. 그런데 일본에 있는 대학 공학부의 화학 전공 졸업생 숫자는 한정되어 있기 때문에 그만큼의 기술자를 모으는 것은 불가능하다. 만약에 그만큼의 기술자를 모으고 자금도 확보해서 100배의 생산이 가능해졌다고 해도 판매력은 어떨까. 생산력이 100배가 되었다고 해도 판매력이 50배밖에 되지 않는다면 상당히 곤란해진다.

"따라서 10년 후에 100배의 수요가 생긴다는 수치가 나온다고 해도 당신 회사는 어차피 그 수요를 감당할 수 없지 않습니까?"

그러자 상대는 풀이 죽어,

"어떻게 하면 좋을까요?"라고 묻는다.

"그러면 먼저 당신 회사가 10년 동안 모든 것이 잘되었다고 가정했을 때, 몇 배까지 성장할 수 있다고 생각합니까? 먼저 그 계획을 세워보시기 바랍니다. 그 계획은 가능한 한 구체적이어야 합니다. 자금 조달은 어떻게 할 것이며 공장은 어디에 세우고 인력 보충은 어떻게 할 것인가 등 구체적이지 않으면 안 됩니다."

그러자 12배라는 안이 나왔다. 그러면 그것을 A안이라고 하자. 그런데 그 안은 현실성이 조금 부족하다. 10년이라고 하면 불황이 두 번 정도는 있을 것이며, 따라서 고비를 맞을 가능성도 고려해야 한다. 그래서 조금 현실적으로 8배라는 안이 나왔다. 그것을 B안이라고 하자.

이렇게 해서 A, B, C 등의 몇 가지 구체적인 안이 나왔다.

"당신 회사는 먼저 이들 가운데 어떤 것으로 할지를 정하면 됩니다. 어떤 안으로 할 것인지를 정할 때 10년 이후의 예측치가 알고 싶어지겠지만, 그 예측은 이 안 가운데 어떤 것을 하면 좋을까를 결정하는 데 도움이 되는 정도면 족하다고 봅니다. 그 정도의 예측이라면 해드리겠습니다. 그러나 예측을 먼저 하고 계획을 세우는 방법은 관두는 편이 좋습니다."

이것이 계획을 세우는 요령이다. 예측에서 출발하는 것은 일견 논리적으로 보이지만, 논리에서 만들어진 오차가 계속 증가하기 때문에 답이 나와도 어느 정도 신뢰할 수 있는지 알 수 없으며, 자칫 실현 불가능할지도 모른다.

하지만 지금 얼마만큼 실행 가능한가를 연구하고 그 가운데에 어떤 것을 선택할 것인가 하는 방식으로 생각하면, 거기에서 나온 답은 반드시 실행 가능할 것이며, 가장 중요한 것은 그 다음에 대해 예측이 가능하다는 것이다.

단지 예측만을 토대로 얻어낸 답은 제삼자에게는 신뢰할 만한 근거가 없는 것이다. 자신조차도 의아스럽게 여겨진다면 아무도 그런 해답은 신뢰하지 않으며 결국에는 그냥 논문으로 끝나는 것이다.

3

알기 위한 조사와
실천하기 위한 조사

가장 중요한 것은 사실 관계를 밝히는 것이 아니라 적

절한 대처 방안을 가능한 한 많이 마련하는 것, 즉 '아

이디어'의 문제와 그 가운데 가장 좋은 방안을 선택해

내는 '판단'의 문제인 것이다. 즉 아이디어와 선택의 문

제이다. 그리고 판단을 목적으로 행해지는 조사는 행동

을 위한 기준을 결정한다는 의미에서, 실행하기 위한

조사 또는 실험이라고 할 수 있을 것이고, 이 경우 단

순히 알기 위한 조사와는 그 방법을 달리해야 하는 것

은 너무도 당연하다.

시장조사는
무엇보다도 이용가치를
우선시해야 한다

| 문제는
| 아이디어와 선택이다

지금까지의 시장조사는 소비자의 기호 조사나 유통 동태 조사 등이었다. 잘 생각해보면 대부분이 아이디어의 문제를 해결하기 위해 필요한 데이터, 말하자면 알기 위한 조사였다고 할 수 있다. 즉 그러한 데이터를 통해 시장의 한 면이라도 자세하게 파악할 수 있다면 문제 해결 방법을 알 수 있을 것이라는 사고방식이다.

시장조사를 통해 새로운 사실을 알았다고 해서 문제가 해결된다는 보장은 없다. 시장에 대해서 무언가 구체적인 방안을 강구하지 않으면 판매는 촉진되지 않는다. 게다가 이유를 알았다고 해서 반드시 좋은 방법을 찾을 수 있다고 할 수도 없다. 가장 중요한 것은 사실 관계를 밝히는 것이 아니라 적절한 대처 방안을 가능한 한 많이 마련하는 것, 즉 '아이디어'의 문제와 그 가운데 가장 좋은 방안을 선택해내는 '판단'의 문제인 것이다. 즉 아이디어와 선택의 문제이다. 그리고 판단을 목적으로 행해지는 조사는 행동을 위한 기준을 결정한다는 의미에서, 실행하기 위한 조사 또는 실험이라고 할 수 있을 것이고, 이 경우 단순히 알기 위한 조사와는 그 방법을 달리해야 하는 것은 너무도 당연하다.

일본에서 객관적인 데이터를 통해 수요를 예상하기 위한 조사 가운데 가장 오래전부터 행해진 것이 전화 수요 조사이다. 그것은 앞으로 어떤 지역에서 전화 수요가 얼마나 증가할 것인가를 예측하는 것으로, 그 결과에 따라 전화국을 어디에 얼마나 세우고 전화선을 어느 정도 끌어야 할지 정하는 것이다. 그러나 전화의 수요 변동은 상당히 많은 요소에 의해 좌우되기 때문에 예상은 좀처럼 맞지 않는다. 그런 식의 알기 위한 조사만으로는 좀처럼 해결되지 않는 것이다.

그런데 시각을 바꿔서, 어느 지역에 전화국을 설치함에 있어서 언제 어디에 세우는 것이 가장 좋을지로 한다면, 상황은 전혀 달라진다. 이미 주택들이 들어선 곳이나 도로가 정비되어 있는 곳에는 아주 특별한 일이 없는 한 끼어들 수가 없다. 또한 그 지역에서 멀리 떨어진 곳에 전화국을 설치하면 전화선이 길어져서 비용이 올라간다. 따라서 그 지역의 중심 부근에 비어 있는 토지를 몇 군데

선정하고 그 가운데 하나를 선택하는 방법 외에는 없는 것이다. 그리고 그것을 결정하기 위한 조사가 되면, 아이디어를 위해서도 문제 해결을 위해서도 조사는 간단해진다.

게다가 그렇게 해서 얻은 결론은 과거의 막대한 데이터를 정리해서 얻은 결론과 비교했을 때, 결과적으로 차이가 거의 없다. 선택의 범위는 한정되어 있으며 결국 그중에서 결정하게 되기 때문이다. 이 경우 어느 정도 예측이 필요하다고 해도 토지의 선택이 최종적인 목적이라면 문제의 범위가 상당히 한정된다. 그래서 사실상 예측 데이터만을 쌓아갈 때와 비교하면 훨씬 간단하게 끝낼 수 있는 것이다.

이처럼 데이터를 취할 경우 판매 문제 해결을 위해서라고 바꿔 생각하면 문제가 상당히 단순화된다. 즉 먼저 현재의 시장에 대해서 회사가 실제로 취할 수 있는 조치에는 어떤 것이 있는가를 생각한다. 그 가운데 불합리한 것이나 관례상 실행할 수 없는 것 등을 버리고, 나머지를 사실에 근거해 비교해본다. 이 경우 비용과 대비해 충분히 수지가 맞는지를 곧바로 알 수 있기 때문에 대차대조표에 올릴 수 있게 된다. 이것이야말로 계획의 요령이다.

시장조사는 제값을 했는가

시장조사가 유행하면서 상당한 비용을 조사에 투자하게 되는데, 그것이 정말로 제값을 했는가에 대해서는 상당한 의문이 든다.

우리들이 이러한 문제에 심혈을 기울이는 것은 어디까지나 판매를 위한 것이며, 이전에 비해 경영을 보다 안전하게 유지하기 위해서이다. 이는 어떠한 형태로 조사를 하든 그것이 기업의 목적을 달성하기 위한 수단으로서 행해지는 이상, 반드시 수지가 맞아야 한다. 수백만 엔의 비용을 들여서 무언가를 조사한 결과 훌륭한 보고서가 완성되었다고 해도, 단지 어떠한 사실을 알았다는 것만으로는 기업에 아무런 이익도 가져다주지 않는다. 원래 지식이나 법칙은 학문적 가치는 차치하고, 경제적 가치 평가도 할 수 없는 것이 일반적이다. 그로 인한 이익은 시장에서 비로소 발생하는 것이다.

이전까지는 조사 결과의 높은 정확도를 강조하는 경우가 많았다. 그러나 수치의 정확도가 높다는 것이 도대체 무슨 의미가 있으며, 게다가 얼마만큼의 경제적 가치를 높여주겠는가. 정확도를 10배 높이기 위해서는 일반적인 방법에 의하면 이론상으로 100배의 데이터가 필요하다. 그러나 행동의 선택이라는 점에서 볼 때는 정확도가 한 자리 수 높아졌다고 해서 대응 방식이 180도 변하는 경우는 없을 것이다. 예를 들어보자.

지금은 많이 좋아졌지만 예전에는 형광등의 색깔에 대해 소비자의 불만이 많았다. 처음에는 새롭기도 하고 깨끗하면서도 전기료가 적게 든다는 이유로 상당한 양이 팔렸었다. 그러나 고객으로부터 불만이 쏟아지기 시작했다. 식당에서는 참치회의 색깔이 부패한 듯이 보였고 커피숍에서는 커피가 누런색을 띠면서 지저분해 보였다. 또한 백화점의 의류매장에서도 의류의 색상이 원래의 색과 다르게 보이는 등 문제는 심각했다.

비난은 형광등의 사활을 결정할 수준에까지 이르렀다. 그래서 한 제조 회사에서는 재빨리 연구소와 대학교수 등을 동원해 색깔에 대한 대대적인 연구와 조사를 실시했다. 그 비용만 해도 당시 수백만 엔이 넘는 대규모 연구였다. 그러나 그 연구를 통해 회사가 얻은 경제적인 이익은 거의 없었다. 무언가가 빠져 있었던 것이다.

그 조사의 내용은 인간은 어떠한 빛에서 어떠한 느낌을 받는가 그리고 밝기와 피로도를 비롯해 일반 고객에게 어필하기 위해서는 어떤 종류의 광원이 가장 좋은가에 대한 정밀한 데이터를 만드는 것이었다. 특히 일상생활에 있어서 빛의 색에 대한 연구는 이전까지는 거의 연구되지 않았기 때문에 여러 가지 학문적 가치가 있는 정보를 찾아냈지만, 회사가 얻은 것은 없었다.

왜냐하면 조사 결과 가장 바람직하다는 색깔의 형광등은 현실적으로 제조가 불가능했기 때문이다. 색깔을 만드는 것 자체는 가능했지만, 효율성이 떨어지고 어두웠기 때문에 상품이 될 수 없었다.

| 조사 결과를 구체적 행동에
적용할 수 있어야 돈 값을 한다 그런데 만약 그 조사를 다음과 같이 했으면 어땠을까. 현재 공장에서 생산 가능한 색의 형광등 가운데 확실하게 느낌이 좋지 않은 것은 처음부터 제외한다. 그리고 팔릴 만한 것을 몇 종류 제조해보고 실제로 백화점이나 소매점에 여러 가지 방법으로 팔아보는 것이다. 그렇게 해서 가장 잘 팔린 형광등의 색깔이 무엇인지 알아내는 것이다. 즉 그 색의 형광등을 소비자가 지갑을 열고 구매했다는 사실이 무엇보다도 중요한 것이다. 게다가 그러한 실험에는 비용이 거의 들지 않는다. 즉 소비자가 이미 만들어진 형광등 가운데에서 원하는 것을 구입한 것이기 때문에, 손실은 팔리고 남은 제품의 비용이 고작이다.

이 예를 통해서도 알 수 있듯이 형광등의 색깔에 대한 선호도 조사라고는 해도 알기 위한 조사와 실행하기 위한 조사는 순서, 경비, 결론의 유용성 등에 있어서 전혀 다른 형태가 되는 것이다. 수많은 데이터를 통해서 아무리 좋은 형광등의 색깔을 찾았다고 해도 공장에서 만들 수 없는 것은 만들 수 없는 것이며, 판매 활동에 있어서는 당장 아무런 도움도 되지 않는다. 판매를 위해서라면 실현 가능한 몇 가지 방안 가운데 가장 좋은 것을 선택하는 것이 바람직하다. 원칙이나 실태를 파악하는 것만으로는 우리에게 아무런 도움도 되지 않는다. 앞에서 말했듯이 조사의 정확도가 높다는 것과 그 이용가치는 별개인 것이다. 조사 결과를 구체적인 판매 활동에 이용할 수 있을 때만이 경제적 이익을 얻을 수 있는 것이며, 기업으로서의 올바른 평가를 받을 수 있다는 것을 명심해야 한다.

그런데 앞의 예를 통해서도 알 수 있듯이, 정해진 목표에 초점을 맞추면서 문제를 파고드는 방법은 오퍼레이션 리서치(operations research)에서 말하는 과학적 문제 추적법(scientific approach)과 정확하게 일치한다. 그리고 그것에 의해 비로소 조사의 경제성이 보장된다. 이 경우 방법을 생각해내기 위해서는 물론 시장에 대한 여러 가지 지식이 필요할 것이다. 그러나 그러한 지식을 얻는 데에도 특별한 조사보다는 가능한 한 일상의 판매 활동 자체를 통해 정보를 구하는 것이 가장 이상적이라고 생각한다.

판매 활동은
시장조사의 가장 유력한 수단

| 판매 활동은
| 실험이다

잘 생각해보면 매일 행해지고 있는 판매 활동은 하나의 커다란 실험이다. 그리고 판매 비용이라는 명목으로 상당한 액수가 그 실험에 지불되고 있다. 그렇게 많은 인력과 돈을 들여 매일 실험을 하고 있음에도 데이터를 수집하지 않는다면 실로 아까운 일이다. 그리고 실험을 통해 데이터를 얻을 수 있게 된다는 것은, 제조의 경우를 예로 생각하면 실제 제조 현장에서 하는 실험과 같은 것으로, 그 재현성은 최고가 된다.

따라서 시장조사를 계획할 때는 판매 활동과 완전히 분리해서 하지 않도록 하고, 일상의 판매 활동을 통해서 정보를 구하는 것이 재현성, 경제성, 기밀 유지 등 모든 면에서 합리적인 방법이라고 할 수 있다.

그러나 이 경우 아무 규칙 없이 자유롭게 판매 활동을 하도록 하면서 데이터를 수집하면, 안 그래도 파악하기 힘든 여러 가지 요인이 복잡하게 뒤엉켜서 각각의 효과를 분리하는 것은 사실상 불가능하게 된다. 따라서 정보를 얻기 위해서는 어느 정도의 가공을 해둘 필요가 있다.

신제품 발표라고 하면 어느 회사건 날짜를 정해서 텔레비전이나 신문, 포스터 등에 일제히 광고를 개시하는 것이 일반적이다. 그러나 광고의 효과를 조사한다는 측면에서 보면 그것은 가장 좋지 않은 방법이다. 왜냐하면 이와 같이 모든 매체를 한꺼번에 활용하는 것은 마치 여럿이서 가마를 메고 있는 것과 같아서, 누가 얼마만큼의 무게를 지고 있는지 알 수 없다. 그 가운데에는 매달려 있는 사람도 있을지 모른다. 면접 조사를 해보면 어느 것이 효과가 있었는지 알 수 있을 것이라고 생각하는 사람도 있겠지만, 면접 조사에는 터무니없는 비용이 드는 데다가 그렇게 얻은 결과를 어떻게 해석해야 할지, 또한 충분한 신뢰도가 있는지도 알 수 없는 경우가 많다.

그러나 이 경우 어차피 그만큼의 돈을 들이는 것이라면 광고의 방법을 조금만 바꾸면 통계에 관해 문외한이라 해도 간단하게 효과적인 매체를 알 수 있다.

	첫 번째 주	두 번째 주	세 번째 주
A지구	신 문	텔 레 비 전	포 스 터
B지구	텔 레 비 전	포 스 터	신 문
C지구	포 스 터	신 문	텔 레 비 전

| 도표 2 |

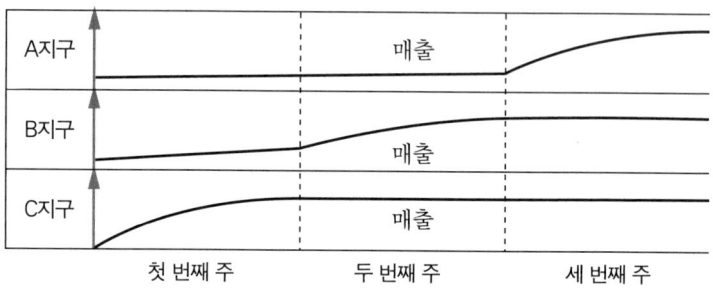

예를 들어, 이전까지의 경험을 바탕으로 소비 성향이 비슷한 지역 A, B, C를 선택한다. 그리고 〈도표 1〉과 같은 계획으로 광고를 해보는 것이다. 즉 A지역에서는 먼저 신문에 광고를 하고 다음 주에는 텔레비전, 세 번째 주에는 포스터를 통해 광고를 한다. B지역에서는 첫 주에 텔레비전, C지역에서는 포스터와 같은 조합으로 실시해서 매출의 변화를 조사하는 것이다.

그렇게 했을 때 각주의 수주 또는 매출의 변화가 〈도표 2〉처럼 됐다고 하자. 〈도표 2〉와 〈도표 1〉을 비교해보면 포스터가 단연 효과적이었다는 것을 누구라도 바로 알 수 있을 것이다. 그리고 그 결과는 이 계획에 한해서는 올바르며 통계적 지식도 필요 없다.

그러나 '광고란 그런 것이 아니다, 시너지 효과라는 것이 있어서 텔레비전이든 신문이든 모든 것을 총동원해서 동시에 터뜨려야 효과가 극대화되는 것이다'라고 주장하는 사람도 있을 것이다. 그 경우에는 다른 D지역을 하나 더 선정해서 모든 매체를 동시에 사용해보면 된다. 물론 그 외의 다른 조합을 원할 경우에도 D지역을 늘리면 되는 것이다.

이러한 방식은 실험계획법의 '할당'*이라는 기술의 응용이다. 그리고 이런 간단한 실험만으로도 실로 놀라운 사실을 알아낼 수 있다.

한 회사가 지방의 각 도시를 돌며 행사를 개최했을 때 그 '할당'의 방법으로 PR 매체를 조사해본 결과, 가장 강력할 것이라고 생각했던 텔레비전은 의외로 효과가 없었으며 가장 유용성이 없어 보이던 포스터가 의외로 강력했다는 예도 있다. 또한 광고의 시너지 효과라는 말을 곧잘 하는데, 당신의 회사에서도 이 방법으로 조사를 해보기 바란다. 일반적인 통념이 의외로 믿을 수 없다는 것을 알게 될 것이다.

텔레비전은 현재 광고 매체로써 가장 유력한 것으로 여겨지고 있지만, 상품에 따라서는 전혀 효과가 없을 수도 있다는 것 또한 이 조사를 통해

할당

조사 대상이나 기간, 방법 등을 결정할 때 조사자가 의도적으로 특정 조건을 가진 대상자의 수나 비율을 지정해서 조사하는 방식. 예를 들어 냉장고를 두 대 이상 사용해본 대상자를 선정한 후 40대의 비중을 50%로 하는 경우 50%가 할당 비율이 됨. 옮긴이

간단하게 판명되었다.

앞에서 조사의 경제성을 보장해야 한다고 했는데, 일반적으로는 광고에 의한 효과를 계산하기보다 쓸모없는 PR이나 판매 활동을 중단함으로써 막대한 경비를 절약할 수 있다는 것이 증명되는 경우가 많다. 한 의약품 회사는 이 방법을 통해 신문 광고가 무효하다는 것을 알고 중단했다. 그럼에도 매출에는 전혀 영향을 받지 않았으며, 현재 그 상품은 업계 1위를 차지하고 있다.

그리고 신문 광고를 중단함으로써 남은 경비는 연간 2억 엔에 달했다. 이후에도 몇 가지 실례를 들겠지만, 그것은 단순히 광고 활동에 한정된 것이 아니다. 명절에 고객에게 보내는 선물, 온천 초대 등의 접대, 이윤의 비율, 소매가격의 결정, 디자인 등등 판매 활동에서 선택 또는 조절 가능한 것은 모두 이러한 '시장 실험', 그것도 일상의 판매 활동을 이용한 실험을 통해 측정할 수 있으며, 그 비용은 무시할 수 있을 정도로 미미하다.

조사만을 위한 조사는 낭비만 초래한다

팔면서 조사하고 조사하면서 판다는 사고방식은 세일즈맨 한 사람 한 사람이 철저하게 인지하고 있어야 하며, 그것은 의욕을 고취시키는 데에도 도움이 된다.

고객이라고 해도 십인십색이다. 그중에는 악의적이라고밖에 볼 수 없는 심한 말을 하는 사람도 있을 것이다. 그렇다고 해서 화를 내거나 경원시하는 것은 세일즈맨으로서는 낙제이다. 그럴 때에는 다음과 같이 말해서 힘을 주면 된다.

"자네가 간다고 해결될 거라고는 생각하지 않는 편이 좋아. 어차피 가는 거니까 자료는 갖고 오도록. 이쪽에서 이렇게 말하면 상대가 어떻게 반응하는가, 그것만 알아도 좋으니까 확실하게 하고 와."

이렇게 말해두면 아무리 심한 말을 들어도 화가 나지 않게 된다. 오히려 다음에는 무슨 말이 나올까 흥미롭게 지켜보게 된다. 그렇게 되면 그때의 데이터는 다음 방문에 반드시 도움이 된다. 그리고 그것은 세일즈맨에게 있어서 귀중한 경험이다.

방법에 따라서는 조사를 반복함으로써 이익을 올릴 수도 있다.

또한 이제까지는 판매 활동에 대해서 제시했지만, 타사의 판매 활동도 물론 커다란 실험이 된다. 따라서 그 데이터도 감사하게 받아야 한다. 단 이 경우에는 자사의 경우와 달리 데이터의 수집 방법과 그 해석에 특별한 주의가 필요하다. 여기에 대해서는 이후에 다시 서술하고자 한다.

그런데 앞의 사실을 통해서도 알 수 있듯이, 일상의 판매 활동은 그 자체가 모두 조사의 대상이 되는 것으로, 그 두 가지가 함께 이루어지지 않으면 안 된다. 조사만을 위한 조사는 비용만 낭비할 뿐이며 재현성이라는 점에서는 좀처럼 효과가 없는 것이다.

따라서 일상의 판매 활동은 어차피 그만큼의 인력과 돈을 들이는 것이기 때문에, 판매 활동을 통해 의도가 적중했는지, 어떤 방법이 가장 효과적이었는지에 대해서 반드시 올바른 정보를 얻을 수 있도록 계획적으로 행해져야 한다. 그렇게 해서 얻은 결론을 다음 판매 활동에 활용하게 되면 놀라울 만한 발전을 이루게 될 것이다.

데이터를 읽는 능력

| 전표를 통해 회사 상황을
| 꿰뚫어보다

팔면서 조사하라고 하면 매일 조사표라도 들고 돌아다니라는 것으로 받아들이는 사람이 있을지도 모르지만, 그렇지 않다. 눈과 귀를 열심히 움직여서 관찰하고, 상대와의 대화를 통해서 무언가를 느끼는 것도 중요한 것이다.

조사라는 것은 단순히 계속해서 자료를 긁어모으는 것이 아니다. 거기에서 어떤 경향이나 규칙성을 발견하지 않으면 자료는 단지 폐지 더미에 지나지 않는다. 즉 데이터를 통해서 무언가를 읽어내는 능력이 갖춰지지 않으면 아무런 도움이 되지 않는다.

지금은 한 회사의 사장이 되었지만, 그가 학교를 졸업하고 처음

입사를 했을 때는 서무과로 배치되었다. 매일 회사에 쌓이는 전표를 정리하는 것이 그의 일이었다. 기입 사항이 빠진 전표, 숫자가 틀린 전표, 이중 발행 등을 확인하는 것만으로도 큰일이었다. 전표 더미에 파묻혀 반년을 보내고 그는 결국 손을 들었다. 그러고는 한 간부에게 자신의 처지를 호소했다.

"매일 종이 더미와의 싸움은 더 이상 할 수가 없습니다. 영업부로라도 옮겨주십시오. 발군의 성적을 올려 보이겠습니다. 전표를 보고 있으면 우리 회사의 영업부는 무엇을 하고 있는지 도대체 알 수가 없습니다."

그러자 그 간부가 차분히 말했다.

"이봐, 자네에게는 회사의 모든 전표가 모이지 않나. 그것을 제대로 보고 있으면 영업뿐만 아니라 회사의 모든 부문이 어떻게 움직이고 있는지를 알 수 있을 텐데 왜 그것을 하지 않는가."

그 순간 그는 퍼뜩 깨달았다. 그로부터 매일의 업무가 즐거워서 견딜 수가 없었다. 숫자를 통해서 회사의 움직임을 완전히 파악할 수 있게 된 그는 마침내 최고의 자리에까지 오르게 되었던 것이다.

조사의 본질적인 의미는 바로 여기에 있다. 데이터는 모으기만 하면 되는 것이 아니다. 중요한 것은 그것을 통해 무엇을 읽어낼 것인가이다. 그리고 그것은 데이터가 나타내는 의미를 평가하는 능력이다. 평가란 무언가에 중점을 두는 것이다. 따라서 기준을 갖는 것이 전제가 된다. 어디에 중점을 두어야 할지는 일반적으로 어떤 목적의식을 갖느냐에 따라 달라진다. 앞에서 '맨발로 다니는 섬에 신발을 팔러 간 세일즈맨'의 이야기가 있었다. 원주민이 맨발이기 때문에 팔릴 수 있다는 판단을 한 것은 신발을 팔고 싶다는 의지, 즉 목적의식을 통해 사태를 바라보았기 때문에 가능했던 것이다.

목적의식은 다른 말로 하자면 문제의식이라고도 할 수 있다.

성공적인 조사의 조건

문제를 깨닫는 것의 중요성에 대해서 다른 예를 하나 들어 보고자 한다.

한 대학병원에서 수술실 정리를 맡고 있던 조수가 있었다. 매일 소독약과 피 냄새가 진동하는, 그다지 달갑지 않은 업무였지만 처우는 비교적 좋았다. 그러나 단조로운 일상이었다.

그런데 어느 날 암이 의심되는, 머리가 완전히 벗겨진 사람이 수술을 받게 되었다. 수술 결과 암이 아니었으며 건강하게 퇴원했는데, 머리가 너무 벗겨져 있었기 때문에 문득 다음과 같은 의문을 갖게 되었다.

'대머리와 암은 관계가 있는 것이 아닐까.'

그후부터는 매일이 호기심의 연속이었다. 환자가 들어온다. 머리를 보고 기록한다. 수술 소견을 조사한다. 그리고 그렇게 해서 얻은 데이터를 통해 하나의 경향을 발견해서 학회에 발표했으며 큰 반향을 불렀다.

여기서 '문득 깨달았다……'고 하는 것이 중요하다. 조사를 거친 다음 무언가를 깨닫는 것이 이어지지 않으면 그 데이터는 도움이 되지 않는다. 보는 순간 깨닫는 경우도 있지만 데이터를 정리함으로써 비로소 발견되는 것도 있다. 따라서 조사가 유용한 것이 되기 위한 조건이 분명해졌다. 그것은,

① 문제의식을 갖고 있을 것. 물론 목적이 명확하다는 것이 전제가 된다.

② 무엇에든 놀라움을 느끼는 태도가 필요하다. 무엇을 봐도 이미 알고 있는 것이라는 자세는 곤란하다. 이전까지의 상식이나 지식의 틀 안에서만 모든 것을 이해하려고 하는 자기완결형은 아무것도 발견할 수 없다. 한마디로 말하면 호기심이 강할 것.

③ 분석 방법을 알고 있을 것. 개개의 현상만이 아니라 그 평균을 본다는 것의 의미와 데이터에는 오차가 있다는 것 등 분석의 기초에 대해 알고 있지 않으면 엉뚱한 결론이 나와도 깨닫지 못한다.

④ 데이터를 근거로 해서 그 배경에 있는 무언가에 대한 이미지를 그릴 수 있는 상상력.

이상은 하나의 생활 태도라고도 할 수 있는 것이며, 중요한 것은 성공적인 발견의 횟수를 쌓아가는 것이다. 그리고 한 번이라도 발견의 기쁨을 느낄 수 있게 되면 탄력이 생겨서, 보통 사람이라면 아무것도 보지 못하고 지나칠 현상 속에서 놀라운 것을 발견해낼 수 있게 된다.

그런데 세상에는 자기완결형 인간이 의외로 많기 때문에, 한 가지 예를 더 들어보기로 하자.

선입관으로
데이터를 해석하는 것은 무의미하다

| 백지 상태에서 매사를
| 보고 생각하라

한 자전거 회사가 수요 감소로 인해 경영이 불안해지자 그 회사의 기술부장이 내게 도움을 요청하러 왔다.

"우리 사장님의 판매 전략이 너무 소극적이고 보수적이라 어려움이 많습니다. 무언가 조치가 필요할 것 같습니다."

그래서 곧바로 사장을 만나 대화를 해보았지만, 역시 말이 통하지 않는다는 판단이 들어 차만 마시고 돌아왔다. 그리고 그 기술부장에게 말했다.

"안됐지만, 그 사장에게는 무슨 말을 해도 소용이 없습니다. 그 상태라면 당신의 회사는 희망이 없습니다."

그 이유는 다음과 같다. 그 사장은 무슨 얘기를 해도 곧바로 말을 가로채서 "응, 그건 알고 있어"라고 말하고는 자신만만하게 자신의 생각을 늘어놓는 것이다. 그런데 내가 보기에는 아무것도 모르고 있었다. 즉 그 사람은 스스로가 무엇이든 알고 있다고 굳게 믿고 있을 뿐이다. 그래서 어떤 이야기를 해도 귀에 들어오지 않는 것이다. 자기 멋대로 해석하고는 알고 있다고 생각하는 것이다. 제삼자에게도 그런 태도라면 사원에게는 더욱 심할 것이다.

그리고 반년도 지나지 않아 문제의 그 회사는 위기를 맞게 되었고, 그 사장은 해고되었다. 극단적인 예이기는 하지만, 모처럼 새로운 정보를 입수했음에도 이전까지의 고정관념이나 폐기처분된 논리로 억지 해석을 내놓고는 문제를 해결했다고 만족해하는 사람이 의외로 많다.

이론적인 논리로 데이터를 분석하고 추리하는 것이 조사의 목적이 아니다. 이론은 어떻든지 판매라는 목표를 이루기 위해 데이터를 수집하는 것이기 때문에, 과거의 통설이나 고정관념으로는 맥락이 닿지 않는 결론이 나오는 것이 어쩌면 당연한 것인지 모른다.

자신이 갖고 있는 지식의 틀 안에서만 생각한다면 처음부터 데이터를 수집하지 않는 편이 좋다. 모처럼 새롭게 발견된 현상이 있는데도 '그것은 말하자면 ○○가 이야기한 것과 같군'이라며 단정해버리는 사람이 있는데 실로 안타까운 일이다.

즉 물이 가득 든 컵과 같아서, 그 이상 넣어주려고 해도 들어갈 여지가 없는 것이다. 무슨 일에든 놀라움을 느낄 수 있도록 하기 위해서는 자신은 전혀 아무것도 모른다는 백지 상태에서 데이터를 보아야 한다. 계산기로 치자면 숫자를 클리어해서 모든 것을 제로로 만드는 것이다. 제로로 만들어두지 않으면 새로운 숫자를 입력할 수 없는 것이 계산기이다. 완전히 똑같은 데이터가 있다고 해도 보는 사람이나 분석 방법, 또는 시기에 따라서 결론이 다소 다르게 나오는 것이 오히려 당연한 것이다.

백지 상태에서 매사를 보고 생각한다는 것은, 스스로를 문외한이라고 여기고 가장 기본적인 질문을 던지는 것이다.

'고객'을 피부로 느끼는 것이
판매의 첫걸음

| 자기 회사 제품의
| 사용법도 모르는 회사 간부

화학조미료 가운데 이노신산이라는 것이 있다. 오래전부터 글루타민산나트륨(MSG, mono sodium glutamate)이라는 화학조미료가 쓰이고 있었는데 새롭게 이노신산이라는 화학조미료가 등장한 것이다. 어느 화학조미료 제조 회사에서 두 사람이 나를 찾아왔다. 그중 과장이라는 사람이 불쑥 이렇게 물었다.

"이노신산이라는 조미료를 알고 계십니까? 최근에 개발되어 모든 회사에서 일제히 판매하기 시작했습니다만, 예상했던 것만큼 팔리지 않아서 당황하고 있습니다. 그래서 판매를 촉진할 수 있는 방법을 찾기 위해 조사를 하고 싶습니다만, 어떻게 하면 좋을까요?"

나는 곧바로 그에게 물었다.

"먼저 이노신산이라는 상품은 누가 사는 것입니까?"

"대부분이 가정 주부입니다."

"그러면 주부가 그것을 사서 도대체 어디에 쓰는 것입니까?"

"물론 요리에 넣습니다."

그 남자는 당연한 것을 왜 묻는가 하는 표정이었다. 나는 또 물어보았다.

"요리에 넣는다고 하셨는데, 그러면 어떻게 됩니까?"

상대는 바보 취급을 당하는 것 같아 기분이 나쁜 표정이었지만, 그렇다고 대답을 하지 않을 수는 없었다.

"요리의 맛이 좋아집니다."

"그러면 이노신산을 넣었을 때와 넣지 않았을 때 어느 정도 맛이 달라집니까? 물론 직접 시식을 해보셨겠지요? 그리고 주부가 사용한다고 말씀하셨는데, 몇 명 정도의 주부의 요리를 드셔보았습니까? 생각나는 대로 말씀해주시기 바랍니다."

거기서 상대는 말문이 막혔다. 매일 먹고 있는 아내의 요리와, 어머니, 그리고 결혼한 여동생 정도밖에는 기억에 없었던 것이다.

"그러면 지금은 아무것도 할 수가 없습니다. 20일 정도 여유를 드릴 테니까 그동안 적어도 40명이나 60명 정도의 주부가 만든 음식에 이노신산을 넣었을 때와 넣지 않았을 때 얼마나 맛이 다른지를 실제로 체험해보시기 바랍니다. 그다음에 무엇을 조사할지 생각해보도록 합시다."

그렇게 돌아간 두 사람은 10일 정도가 지나자 다시 달려왔다. "엄청난 사실을 알았습니다"라고 그들은 상기된 채로 자신들의 실험 결과를 들려주었다. 10일 동안 사원들의 저녁식사 시간을 노려서 130명의 주부의 요리를 먹어보았다. 그러자 정말로 맛있는 요리를 하는 주부가 있는가 하면, 남편이 이런 요리를 잘도 참아내는구나 싶을 정도의 것도 있었다. 그런데 그 가운데 비록 7명이지만, 이노신산에서 정말로 훌륭한 맛을 끌어낸 주부가 있었다. 문제는 이노신산을 단독으로 사용하는 것이 아니라 모두 다른 화학조미료를 섞어서 사용하고 있었던 것이다.

이노신산을 요리에 넣는 것까지 캐묻는 것은 지나쳐 보일지도 모르지만, '백지 상태에서 시작한다'는 것은 이런 것을 의미한다. 사실 화학조미료를 모두 주부가 사는 것은 아니다. 이전부터 있었던 글루타민산나트륨은 생산량의 30퍼센트 가까이가 통조림이나 그외의 것에 사용되고 있었다.

그런데 그들이 들려준 이야기에는 이상한 점이 있었다. 화학조미료 제조 회사의 과장임에도 불구하고, 자사 제품을 소비자가 어떤 식으로 사용하고 있으며 그것을 사용한 결과 어떤 맛의 요리가 만들어지는지를 전혀 몰랐다는 점이다. 그러면서도 일본 경제의 동향은 어떻게 된다는 등의 거시적인 문제에 대해서는 실로 정통했기 때문에, 무언가 잘못 생각하고 있다는 것을 지적하고 싶어졌던 것이다.

이 문제는 정말로 중요하다. 판매의 첫걸음은 무엇보다도 이처럼 소비자를 선입관 없이 느끼는 것이다.

4

데이터 활용의
여러 가지 방법

실제로 단 한 번밖에 수집하지 않은 데이터라도 그 계획과 결과의 해석에는 과거의 경험이나 지식이 이미 충분히 활용되어 있으며, 과거에 축적된 데이터에 의해 올바르게 해석되어 있는 한, 상당히 정확한 예측이 가능하다. 그것도 일종의 지속적인 조사의 효과라고 볼 수 있을 것이다. 그리고 데이터의 재현성은 그러한 형태로만 확보되는 것이기 때문에 그것을 더욱 적극적으로, 적절하게 조합해서 조사하면 다른 요인과 마찬가지로 더욱 효율적이고 오차가 적은 예측이 가능하게 되는 것이다.

데이터를 평가하기 위한
세 가지 기준

| 'why?'를
| 습관화하라

데이터를 수집했다면 그다음
은 그 데이터를 통해 무언가
를 찾아낼 수 있어야 한다. 이
는 다른 말로 표현하자면 평가 능력이다.

당연한 이야기지만 평가를 위해서는 평가를 위
한 어떤 척도*, 즉 비교할 것이 있어야 한다는 것
이 전제된다. 비교할 대상은 무엇을 선택하든 좋
지만, 가장 알기 쉬운 예를 몇 가지 들어보고자
한다.

먼저 평가를 위한 비교에서 자주 사용되는 것
은 과거와의 비교이다. 경영 실적을 전년의 같은

척도

대상을 측정하기 위한 단위
와 측정 도구를 의미. 물건의
길이를 알기 위한 센티미터
등의 단위와 30센티미터 자
의 경우가 대표적임. 상품에
대한 만족도를 재기 위해 만
족도 점수는 100점 만점 또
는 1~5까지의 등급으로 하
고 문항은 1) 편의성, 2) 가격,
3) 디자인 등으로 결정하는
것도 척도를 만드는 일에 해
당함. 옮긴이

시기와 비교해보는 것이 바로 이 경우에 해당되며, 그러한 비교를 통해 문제를 알아내는 것이 하나의 방법이다.

또 하나는 계획과 실적의 비교이다. 계획 달성률 몇 퍼센트라는 게 가장 일반적이다. 경영 계획은 수입과 지출을 중심으로 세워지기 때문에 실적이 계획을 밑돌면 큰 문제가 된다.

세 번째 기준은 예측과의 비교이다. 이는 계획과 비슷하지만 그 의미는 조금 다르다. 계획에는 의욕이 강하게 담겨 있기 때문에 반드시 예측과 일치하지는 않는다. 게다가 이 경우 자주 사용되는 것이 이상치理想値이다. 화학설비 공장 등에는 반응에 대한 이론식理論式이 있다. 즉 여기까지는 갈 것이라고 예상하는 것으로, 거기에 도달하지 않으면 다시 레벨 업을 하는 등 개선의 노력을 계속하는 것이다.

그밖에 자주 사용되는 방법은 같은 종류의 것, 비슷한 것과 비교하는 것이다. 여성들이 간혹 전철 안에서 같은 옷을 입은 여성과 마주치면 당황해서 내리는 것도 같은 맥락이다. 같은 업종의 타사와 경영지표를 비교해보는 것도 좋은 방법이다. 교육열이 높은 부모들이 자녀가 공부에 열중하도록 동기를 부여하는 것에는 이 원리가 작용하고 있다고 해도 틀림없을 것이다.

이렇게 말하면 진부하게 들릴지 모르지만, 무엇보다도 모두가 당연하다고 생각하는 것에 대해 '왜?' 하고 의문을 갖는 습관이 중요하다.

데이터를 통해서
생각지도 못한 문제점을 발견해낸다

| 여자만 화장품 쓰라는
법 있어?

이것은 어느 화장품 회사의 사례. 회사의 매출액 예측을 위해 여러 가지 방법을 시도한 결과, 전국에서 몇 개 점포를 패널*로 선택해서 그 조사 데이터를 사용하는 것이 가장 잘 맞았다. 즉 선행적인 경향을 보이는 점포의 데이터를 통해 판매를 예측한 것이다.

그 오차는 극히 적어서 1년 예측에 겨우 2퍼센트 정도에 지나지 않았다. 직원들은 사장으로부터 예측 성공을 치하하는 금일봉을 받아 회식을 하게 되었다. 그런데 술자리가 무르익어갈 때쯤

패널

조사 대상을 고정시키고, 동일한 조사 대상에 대해 동일 질문을 반복 실시하여 조사하는 방법. 이때의 조사 대상 전체를 패널panel이라 함. 조사마다 조사 대상이 달라질 수 있는 랜덤 추출과는 반대로 점포의 이전, 폐업 등 조사 대상에 더 이상 조사할 수 없는 변화가 생길 때만 대상자를 변경함. 옮긴이

한 사원이 갑자기 심각한 표정으로 물었다.

"이 예측에서 오차가 2퍼센트라면 너무 지나치게 잘 맞는 건데, 무언가 이상하지 않아?"

"맞았으니까 금일봉이 나온 거 아냐?"라고 다른 직원들이 대수롭지 않다는 듯 무시해도,

"원래 예측이란 맞지 않는 편이 일반적인 것인데 여하튼 이상해"라고 그는 주장을 굽히지 않았다.

그러자 다른 사원이 다음과 같은 말을 했다.

"그건 그래. 너무 잘 맞았다는 것은 그만큼 화장품 업계의 수요가 한계점에 달했다는 것 아닐까?"

수요가 포화상태일 때는 확실히 예측이 잘 맞는 법이다. 예를 들면 일본인이 1년 간 쌀을 몇 만 톤 먹을까 하는 예측치는 오차가 1퍼센트도 되지 않는다.

생각해보면 일본 여성의 얼굴의 면적은 일정하다. 이미 모두가 화장품을 사용하고 있기 때문에 한계점에 도달한 것은 아닐까? 그래서 포화상태가 된 것이다. 그렇다면 기뻐할 수가 없다!

이야기가 여기까지 흐르자, 갑자기 여기저기서 아이디어가 쏟아져 나오기 시작했다. 여하튼 수요군을 넓혀야 하지 않을까. 그러기 위해서는 연령대를 위아래로 넓히자. 아니, 두 배로 증가시킬 방법이 있어. 인간의 절반은 남자잖아. 아니 해외로 넓히면 돼.

그렇게 해서 생겨난 것이 남성용 화장품의 개발이며, 해외 영업

의 개시였다.

그런데 이 경우 예측이 맞았다는 것에 만족하고 있었다면 그러한 발전은 없었을 것이다. 그들은 예측이 맞지 않을 때는 맞지 않은 부분으로부터, 예측이 맞을 때는 지나치게 잘 맞았다는 점에서 다음의 문제점을 발견했던 것이다.

이 예와 앞의 '맨발로 다니는 섬에 신발을 팔러 갔던 세일즈맨'의 이야기를 함께 생각해보기 바란다. 모두 맨발로 걷고 있어도, 모두 신발을 신고 있어도 반드시 문제점을 발견해낼 수 있을 때 발전이 가능해지는 것이다.

같은 시장조사라도 학문적 입장에서 행해지는 것과 판매 활동을 위한 것과는 차이가 있다. 즉 알기 위한 조사와 실행하기 위한 조사는 본질적으로 다른 것이다.

목적의식을
평가의 척도로 삼을 것

| 목적의식이
| 발견을 부른다

지금까지의 이야기를 정리하면 문제를 발견하는 요령이 명확해질 것이다. 그 요령은 목적의식을 갖는 것이다. 항상 목적이 머릿속에 있어서 눈앞에 아른거리고 있으면 보고 듣는 모든 것이 목적을 기준으로 평가되게 된다. 즉 목적을 평가의 척도로 지니고 있어야 한다는 것이다. 광고의 효과를 측정하는 일은 어렵다는 말을 자주 한다. 확실히 단 한 장의 전단지가 보는 사람에게 어느 정도 영향을 미칠지에 대해 조사를 하는 것은 어려운 일이다. 그러나 무엇을 위해서 광고를 하는지 목적을 명확히 해두면 효과의 측정은 그렇게 어렵지 않다.

광고를 통해서 매출을 높이고자 한다면 매출의 변화를 조사해보면 된다. 이미지를 좋게 하고자 한다면 이미지 조사를 하는 것이다. 그러나 여기서 중요한 것은 이미지란 무엇인지에 대해서 공통의 언어로 정의를 내려두는 것이다. 이미지가 좋아졌다는 것이 무엇을 의미하는가에 대한 평가 척도와 이미지를 좋게 하는 목적은 무엇인가를 잘 생각해서 결정해두어야 한다.

이미지에 대해 그렇게 간단하게 정의할 수도 없을뿐더러 이미지를 측정하는 것은 더욱 어렵다는 의견도 있을 수 있다. 그러나 이미지가 좋아졌다고 느낄 때는 무언가 예전에는 볼 수 없었던 새로운 변화가 감지되었다는 것을 의미하는 것이다. 따라서 이미지란 무엇인가, 그리고 이미지가 바뀌었다거나 좋아졌다는 것을 무엇으로 판단할 것인가를, 백지 상태에서 집요할 정도로 논의해보는 것이 필요하다. 이때 중요한 것은 이야기가 곁가지로 빠져들 땐 반드시 그 목적이 무엇이었는지 원점으로 되돌리는 것이다.

이미지가 좋아지면 모두가 그렇게 말해주기 때문에 알 수 있다는 의견이 있다면, '모두'는 무엇인가? '그렇게'는 무엇인가? 하는 식으로, 이전까지는 무심코 발언하고 흘려들었던 단어를 하나하나 꼼꼼하게 살피면서 공통의 언어를 만들어 평가 척도를 찾는 것이다.

그러한 과정을 계속하다 보면 그 속에서 문제의 많은 단서를 발견할 수 있으며, 또한 척도가 머릿속에 있으면 무언가를 보거나 들을 때 '앗, 이거다!' 하는 새로운 발견이 가능해지는 것이다.

판매를 위한 조사에서
중요한 것

| 같은 정보라고 같은
| 가치를 갖는 것은 아니다

정보 이론에서 나온 몇 가지 개념을 이해해두면 조사를 계획하는 데 편리하기 때문에 알기 쉽게 설명해보고자 한다.

정보 이론에서는 정보의 양을 다음과 같이 정의하고 있다.

일기예보를 예로 들어보자. 장마철에는 매일 추적추적 비가 내려서 지긋지긋한데, 그런 시기에는 내일도 비가 내린다고 예보해도 '또?' 하고 반응할 뿐이다. 그런데 한여름에 맑은 날이 계속되면서 가뭄으로 고생할 때에는 '내일은 비가 내린다'는 예보가 뉴스가 될 것이다.

그 이유는 다음과 같다. 매일 계속해서 비가 내릴 때는 모두가 어

$$\frac{\text{정보를 입수한 후의 예상}}{\text{정보를 입수하기 전의 예상}} = \text{정보량}$$

차피 내일도 비가 내릴 것이라고 생각한다. 그런데 매일 맑은 날씨가 계속될 때에는 '비' 예보는 예상을 깨는 정보가 된다.

그래서 정보 이론에서는 앞의 공식으로 정보량을 정의하고 있다.

여기서도 알 수 있듯이 어떤 데이터나 보고서에 포함되어 있는 정보의 양은 문서의 양이나 글자 수에 비례하지 않는다. 즉 그 속에 얼마만큼 몰랐던 사실이 포함되어 있는가가 문제인 것이다. 따라서 조사를 계획할 때에는 이미 알고 있는 것과 모르는 것에 대해 잘 파악해두어야 한다.

그런데 문제는 정보의 가치이다. '정보의 양이 많으면 곧 가치가 있다'라고 할 수는 없다.

일본이 미국과 전쟁을 개시했던 진주만 공격의 경우를 생각해보자. 일본 전투기의 공습 계획을 사전에 입수한 스파이가 그 정보를 미국에 보냈다고 하자. 그런데 무언가 실수가 있어서 그 정보가 태평양 한가운데에 있는 섬의 원주민 손으로 들어갔다. 이 경우 정보량은 많겠지만 가치는 거의 없다. 연락할 방법도 없으며 '마침내 시작되는군!' 하고 놀랄 뿐인 것이다. 그런데 그 정보가 당시의 미국 대통령의 손에 들어갔다고 한다면 엄청난 가치가 발생된다. 여기서 알 수 있듯이 정보의 가치는 전달 대상에 따라 현저하게 달라지는 것이다.

또 한 가지는 타이밍이다. 그 정보가 공격 개시 1분 전에 대통령에게 전달되었다면 가치는 없다. 손을 쓸 방법이 없기 때문이다. 그런데 한 시간 전이라면 단연 가치가 발생한다. 전날에 건네졌다면 역사가 바뀌었을지도 모른다.

정보의 가치가 그것을 전달하는 상대에 따라, 또는 타이밍에 의해 현저하게 달라지는 이유는 이미 명확해졌을 것이다. 정보의 가치는 그 자체에 있는 것이 아니다. 그 정보가 어떻게 사용되는가에 따라 결정되는 것이다. 아무리 귀중한 정보라고 해도 그 정보를 충분히 활용할 수 없는 사람에게 전해진다면 단순한 종잇조각에 지나지 않는다. '돼지 목에 진주 목걸이' '개 발에 편자'란 바로 이런 경우를 일컫는 말이다.

조사는 제 때, 최소의 비용으로

이는 데이터의 오차에도 적용된다. 데이터는 정확할수록 가치가 있다고 무조건 단정할 수 없다. 정확도가 50퍼센트밖에 되지 않는 정보라고 해도 적절한 타이밍에 입수할 수 있다면 얼마든지 쓸모가 있을 수 있다.

경쟁 회사에서 신제품을 발매할 것 같다는 정보를 얻었다고 하

자. 그런데 그 정보가 조금 의심스러워 더 확인한 후에 보고해야겠다고 판단했다. 결국 더 조사해서 100퍼센트 확실해진 뒤에 사장에게 보고했을 때는 이미 늦고 말았다.

진리 탐구를 목적으로 하는 학문적 조사와의 본질적인 차이가 바로 이것이다. 학문적 조사는 미지의 세계에 대한 탐구이다. 따라서 아무도 몰랐던 것을 발견하는 것 자체에 가치가 있다.

그러나 판매를 위한 조사는 데이터를 입수하지 못했을 때보다 데이터를 통해 좋은 해법을 찾았다거나 보다 안전한 방법을 취할 수 있었을 때에 가치를 인정받을 수 있는 것이다. 그래서 50퍼센트의 확실성이라도 극히 유용한 정보가 될 수 있는 것이다.

따라서 판매를 위한 조사에서는 측정치의 오차는 이차적인 문제이며, 그 데이터에 의해 어떠한 방안을 강구할 수 있었는가, 그리고 그 결과가 성공으로 이어졌는가가 문제일 뿐이다. 게다가 그 경우, 조사에 든 비용은 물론 조사를 통해 얻은 성과가 충분히 투자 가치가 있지 않으면 안 된다. 일반적으로 조사에 투자할 수 있는 비용은 기껏해야 매출의 1퍼센트 이하일 것이다.

그렇게 되면 만약 100만 엔의 조사 비용을 들였다고 했을 경우 최소한 그 조사에 의해 1억 엔 이상의 매출이 증가하지 않으면 수지가 맞지 않는다.

이렇게 생각하면 전국에서 수천 명이나 되는 샘플을 조사한다는 것은 불가피한 경우가 아니면 가능하지 않다. 그리고 실제로 조사해보면 충분히 생각해서 조사 계획을 세웠음에도 의외의 부분에 구멍이 생겨서 입안자 스스로가 반신반의하는 답을 내지 않을 수 없는 경우조차 있다.

따라서 조사의 비결은 가능한 한 작은 규모로, 시의 적절하게 정말로 필요한 것에 대해서만 조사하고, 그것을 반복해가는 것이다. 대대적인 조사는 돈만 들 뿐이며 게다가 답이 나오는 데 오랜 시간이 걸리는 것은 물론 관계자라면 누구나 이미 알고 있을 법한 빤한 답만 나오게 된다.

판매에 도움이 되는
정보를 어떻게 얻을 것인가

| 고객 카드는
| 구식일 뿐인가?

최근에는 시장의 경쟁이 치열
해져서인지 무언가를 사면 소
비자의 취향이나 의견을 묻는
조사표가 들어 있는 경우가 많다. 그중에는 컴퓨터에 입력되는 코
드까지 갖춘 정교한 것부터 단순히 고객의 의견을 적는 용지에 이
르기까지 여러 가지 종류가 있다.

그런데 그러한 조사표를 만들어 하나하나의 상품에 넣고 다시 회
답을 분류하는 등의 과정에는 상당한 노력과 경비가 필요하다. 게
다가 그에 상당하는 효과를 충분하게 얻고 있는 경우는 극히 드물
다. 물론 회답의 내용도 중요하지만 그로 인해 소비자에게 좋은 인
상을 주는 것만으로도 충분히 타산이 맞는다고 생각하는 사람도

있다. 그러나 단지 좋은 인상을 주는 것이 목적이라면 더 효과적인 방법은 얼마든지 있다.

그렇다고 해서 그 방법이 모두 불필요하다고 말하는 것은 물론 아니다. 현재의 세련된 조사 방법에서 보면 유치하다고도 볼 수 있는 오래된 옛날 방법에 의해서도 적절한 효과를 볼 수 있는 경우는 얼마든지 있기 때문이다.

그 외에도 방법이나 목적에는 다소 차이가 있지만, 사회의 특수 계층이나 특정한 인물들을 대상으로 하는 설문 형식의 조사도 상당히 유행하고 있다. 예를 들면 사회적으로 이름이 알려진 사람들이라거나, 특정 학교의 졸업생, 특정 지역의 주민들에게 여러 가지 문제에 대한 의견을 구하고 그것을 판단의 자료로 삼는 방법이다. 더욱이 형식을 바꾸어서 특정 인물들을 초대해 '의견을 듣는 모임' 행사도 같은 종류로 분류할 수 있을 것이다. 그러한 방법은 새로운 표본 추출이라는 점에서는 여러 가지 문제가 있을지도 모르지만, 자주 사용되고 있는 것을 보면 효과가 전혀 없다고 잘라 말할 수도 없다.

또한 반대로 최근의 새로운 '표본 추출 이론'을 도입한 조사를 통해 여러 가지 그럴듯한 데이터를 수집했음에도, 결과적으로 판매 실적이 상승했다고 볼 수 없거나, 데이터를 신뢰할 수 없을 정도로 오차가 나오는 경우도 있다. 게다가 도대체 얼마만큼의 경비를 들인 건지조차 확실하게 알 수 없는 경우도 드물지 않다.

텔레비전 방송을 이용한 홍보 활동은 매체로서 새로운 장을 열었으며 그 유효성에 대해서 아무도 의심하지 않는다. 그리고 어느 방송국이건 그 효과를 올바로 파악하기 위해 시청률이나 기타 조사에 많은 경비와 인력을 들이고 있으며, 그것이 지금은 당연한 것처럼 되었다. 한 방송국에서는 조사 결과 시청률이 소수점 몇 퍼센트라도 오르면 전원에게 금일봉을 준다고 하는, 어떤 의미에서는 달콤한, 그러나 숫자 면에서만 보면 전혀 무의미한 일을 하고 있는 곳도 있다고 한다. 여하튼 시청률이 높다는 것은 스폰서에게 있어서도 일단 경사스러운 일이라고 생각하기 쉬운데, 다소 섣부른 판단이라는 점은 말할 필요도 없다.

시청률 높은 프로그램의 광고는 무조건 효과적인가?

광고주로서는 모처럼 타는 전파이기 때문에 많은 사람들이 보기를 원하는 것이 인지상정일 것이다. 그러나 단지 시청자를 즐겁게 하기 위한 것이 목적이 아닌 것은 당연하다. 따라서 그 시청률이 매출에 조금도 영향을 주지 않는다면 아무리 인기 있는 방송에 광고를 내고 있다고 해도 그것만으로 두 손 놓고 안심해서는 안 된다. 그것이 반대로 마이너스가 되지 않는다고 장담할 수 없기 때문이다.

예를 들어 한 회사에서 냉장고 브랜드를 홍보한다고 하자. 그리고 그 회사가 제공하는 방송은 대중적인 인기가 있는 프로그램이라고 하자. 그러나 방송이 인기가 있다고 해서 냉장고가 많이 팔린다고 보장할 수는 없다. 이미 냉장고를 갖고 있는 사람은 웬만해서는 두 대나 살 리가 없을 것이다. 또한 상표를 기억하고 구입할 생각으로 백화점에 갔다고 해도 매장에서 타사가 파견한 점원에게 설득되어 타사의 제품을 살지도 모른다. 또한 회사의 구매조합 등에서 할부가 가능해지면 역시 타사의 제품을 사게 될 경우도 있다. 즉 이 경우 냉장고에 대한 구매 욕구는 일으켰지만 자사의 매출로 이어지지는 않았다.

한편, 이름이 많이 알려진 것까지는 좋았는데, 그것이 회사를 치명적인 위기로 몰아넣은 경우도 있다. 텔레비전의 황금 시간대에 전국적으로 광고를 하는 화려한 방법으로 단연 이름을 알린 한 식품 회사는 한때 다소 매상이 증가했지만 반년도 지나지 않아 곤두박질쳤다. 그 이유는 매상을 지배하는 또 다른 요인, 즉 품질이 따르지 못했기 때문이었다. 그로 인해 그 회사의 식품은 맛이 없다는 평판이 순식간에 퍼져 역효과가 되었던 것이다.

앞서 예를 들었던 냉장고의 경우에는 판매에 있어서 품질이나 가격, 상품 가치 등의 판매 전략의 문제부터 시장 내의 수요 등 모든 문제가 복잡하게 얽혀 있는 것이다. 그러한 요인들 중 하나로써 시청률을 볼 때, 소수점 이하의 정확도는 사실 무의미한 것이다. 모든 복잡한 사항을 충분히 고려하지 않은 데이터는 외견상 아무리 현대적이고 수학적으로 치장하고 있어도 앞에서 말한 조사표보다 열등한 정보가 될 것이다.

통계 자체를 맹신하다가는 예상보다 위험한 사태에 빠지게 된다. 흔히 실시되고 있는 여론조사나 실태 조사 가운데에도 이 말이 그대로 적용되는 경우는 실로 많다.

판매로 이어지는
결과를 얻기 위한 조사 계획

| 쓰레기통에서도
| 시장점유율을 알 수 있다

지금까지 서술했듯이, 시장에 대해서 조사할 때에는 판매 정책과 연관된 구체적인 문제의 해답을 얻을 수 있도록 계획해야 한다. 그런 식으로 잘 계획된 경우에는 언뜻 빈약하고 하찮아 보이는 질문지라도 의외로 유용할 수 있다.

최근에는 조사도 대량생산주의가 되어서 질문지가 회수되면 수많은 아르바이트생이 한꺼번에 데이터를 집계하는 방법이 유행하고 있다. 그러나 같은 자료라도 그 분야의 전문가가 꼼꼼하게 보면 생각지도 못한 정보를 얻게 되는 경우가 많다. 이후에도 설명하겠지만, 이처럼 질문지를 통해 얻는 정보의 가치는 질문 내용의 양이 아니라 그 질에 따라 달라진다. 즉 계획하는 쪽에서 보면 무엇을 조사할 것인가가 문제인 것이다. 적절한 질문을 선택하면 아주 간단하게 필요한 정보를 충분하게 얻을 수 있다.

모든 회사의 판매 담당자는 시장에서 자사의 제품이 얼마나 팔리고 있는가를 나타내는 점유율을 가장 알고 싶어 할 것이다. 점유율을 알기 위해 소매점이나 최종 수요자를 방문 조사하는 방법이 자주 사용되는데, 그것은 돈만 들 뿐 그다지 도움이 되지 않는다. 그 상품의 유통과정을 잘 알면 매출 상황을 조사할 수 있는 곳은 얼마든지 있다. 공장에서 소비하는 자재, 예를 들면 포장용 종이 상자나 용기, 원재료를 비롯해서 그 회사의 판매 장부의 수치, 트럭이나 임대 차량의 이용 상황, 세일즈맨의 움직임을 통해서도 알 수 있는 것이다. 약이나 립스틱 같은 경우에는 최종 소비자가 사용하고 버린 용기에 이르기까지 비용을 많이 들이지 않고도 정확하게 알 수 있는 조사 대상이 각각의 상품에는 존재한다.

텔레비전 방송의 유용성에 대해서도, 그것이 매출의 증대를 목적으로 하고 있다면 시청률이나 광고에 따른 시청자의 지명도보다는 보다 직접적인 판매량의 변화를 조사하는 편이 모든 점에서 낫다. 방송이 판매량에 미치는 영향은 다양한 요인들이 워낙 복잡하게 얽혀 있어서 정확하게 파악할 수 없다고 생각하는 경향이 있다. 그러나 앞에서도 제시했던 예처럼 아주 간단한 장치만 해두면 의외로 간단하게 효과를 조사할 수 있다.

시장조사에서는 '테스트 판매'가 효과적

그리고 그러한 것을 효과적으로 파악하기 위한 과학적 방법이 뒤에 소개할 '실험계획법'이다. 지금까지 다양한 방법이 동원된 포스터, 신문 등의 광고 효과도 의외로 간단하게 매출 수치만으로 추정이 가능하다. 그리고 그 수치야말로 우리가 목표로 하는 것이기 때문에 다른 수치를 통해 판단하는 것보다 훨씬 확실하다.

한 상품의 포장지 색깔의 반응을 조사하려고 할 경우에 그 색깔에 대한 반응이 좋다고 해도 그것이 곧바로 구매의욕으로 이어진다고는 할 수 없다. 실제로 매장에 내놓고 소비자가 돈을 지불해서 구입할 때 비로소 그 사실 여부가 확인되는 것이다.

최근의 전화기는 검은색 일색이었던 예전과 달리 여러 가지 화려한 색채와 형태의 것이 시장에 나오고 있다. 그 화려한 색깔의 전화기가 시장에 나왔을 때 어느 색이 좋은지에 대해 여러 가지 선호도 조사를 실시한 적이 있었다. 조사 결과 검은색은 완전히 무시되었고 짙은 베이지색이 압도적인 1위를 차지했다.

그런데 현실적으로 여러 가지 색의 전화기를 자유롭게 구입할 수 있게 되었을 때, 가장 잘 팔린 것은 여전히 검은색이었다. 그리고 청백색 계열이 그 뒤를 이었다. 이 사실로 보았을 때, 만약 그 조사가 어떠한 색의 전화기를 생산할 것인가를 결정하기 위해 실시되었던 것이라면 완전히 실패했다고 할 수 있을 것이다.

칭찬과 호감을 표현하는 것과 현실적으로 돈을 지불하고 사는 것 사이에는 상당히 큰 차이가 있다는 것을 판매를 위해 밤낮으로 고민하고 있는 사람이라면 누구나 경험했을 것이다. 그러나 그것을 확인하기 위한, 가장 신뢰할 수 있는 방법은 역시 실제로 물건을 사도록 해보는 것이다. '시험 판매'가 시장조사에서 가장 중요한 거점을 점하고 있는 것도 그 때문이다. 물건에 따라서는 시험 판매를 하면 디자인이 노출되기 때문에 현실적으로 불가능하다고 주장하는 경우가 있다. 그때에는 다른 좋은 방법이 있다. 그것은 나중에 소개하겠다.

이처럼 색깔을 결정하는 문제는 상당히 구체적인 것이며, 조사 결과의 재현성도 단연 좋을 것이라고 생각되지만, 앞서 들었던 예처럼 엄청난 오차가 생기는 경우도 드물지 않다. 그리고 그러한 실수를 제거하기 위해서는 계획을 세울 때 주의하는 것 외에는 방법이 없다. 조사한 후에 해석하겠다는 생각은 오차를 더욱 키울 뿐이다.

조사 계획은
행동으로 이어져야 한다

| **'아는 게 목적'인 조사는
필요없다**

앞에서도 얘기했듯이 많은 인력과 비용을 들여 여러 가지 데이터를 수집하면서도 결국 '알게 되었다'뿐으로, 아무런 도움이 되지 않았던 조사의 예는 실로 많다.

이처럼 노력과 비용을 낭비하지 않기 위해서는 계획이 중요하다는 것은 앞에서도 얘기했지만, 결과가 반드시 도움이 되게 만드는 한 가지 방법이 있다.

우리들이 무언가를 조사하는 것은 결국 목적이 있기 때문이다. 즉 그 데이터에서 나온 결과를 어디에 어떻게 반영하고 활용할 것인가가 조사 실시 전에 이미 마음속에 들어 있는 것이다. 조사한 후에 그 결과를 보고 생각하는 것도 하나의 방법이지만, 그 방법이 그다지 좋지 않다는 것은 이미 알고 있는 대로이다.

조사 계획을 세울 때 조사를 통해 얻을 수 있는 결과는 몇 가지로 국한된다. 따라서 계획을 세울 때는 결과가 어떻게 될지를 가능한 한 많이 생각해본다. 그리고 다음에는 그러한 결과 가운데 A라는 결과가 나왔다면 어떤 행동을 취할 것인지, B라는 결과가 나왔다면 어떻게 할 것인지를 잘 생각해본다. 그리고 A, B의 어느 쪽 결과가 나왔는지를 확실하게 구별할 수 있는 계획인지 아닌지를 검토한다. 그런 식으로 계획된 조사는 반드시 도움이 된다. 왜냐하면 이미 결과에 따른 대처 방안이 마련되어 있기 때문이다.

다만 조사의 결과가 A가 되든 B가 되든 취할 행동은 결국 같다고 한다면 애초에 조사를 하지 않는 편이 좋다. 그 외에도 조사해야 할 것들은 많이 있을 것이다.

"어떻게 될지 알 수 없기 때문에 조사를 하는 것이다"라고 생각한다면, 그러한 경우에도 조사 결과 생산 회의를 열든 생산을 취소하든(이것도 하나의 행동이다), 결과에 대해 예상하는 부분이 있을 것이기 때문에 거기에 어울리는 계획을 만들 수 있을 것이다.

그렇게 해서 계획된 결과는 반드시 도움이 될 뿐 아니라 낭비를 상당히 줄이게 된다. 무언가를 조사할 때 '어차피 하는 김에 이것도, 저것도' 하며 나중에 항목을 추가하는 경우가 있다. 그러나 하나의 항목에 대한 최선의 조사 방법은 일반적으로 한 가지밖에 없기 때문에, 불필요한 항목을 넣으면 두 마리 토끼를 쫓는 결과가 되어 결국 아무것도 얻지 못하고 실패하게 된다.

실현 가능한 방법을 선택한다는 입장에서 조사를 계획해보면 알 수 있는데, 어느 시기에 그 회사가 시장 변화에 대처할 수 있는 방법, 또는 행동은 그렇게 많은 것이 아니다. 그 가운데에서도 조사 결과에 따라 어떤 행동을 취할지 선택할 수밖에 없는 경우는 선택의 폭이 더욱 적어서, 조사의 대상은 상당히 국한되기 마련이다. 그러한 입장에서 본다면 현재 많은 회사들이 행하고 있는 조사의 상당 부분은 학생들에게 아르바이트거리를 제공해주는 것 외에, 기업의 목적을 위해서는 불필요한 것이라고 단언할 수 있다.

'조사한 후에 생각한다'는 사고방식을 버려라

어떤 책에 따르면 시장 가격의 최적치를 항상 파악해둘 필요가 있으며, 그것이 조사의 큰 테마 중 하나라고 한다. 그 말 자체는 맞는다고 해도 최적치를 파악해서 어디에 어떻게 이용하느냐가 문제인 것이다. 가격은 회사의 신용이 걸려 있는 문제이기 때문에 함부로 바꿀 수가 없다. 예를 들어 상당히 합리적이고 그럴듯한 수치가 나왔다고 해도 그것은 '알게 되었다'는 것뿐이며, 그에 대한 대응이 연내에 가능한지 아닌지는 별개의 문제이다. 그 결과를 미래를 위해 참고해두고 싶을지도 모르지만, 막상 적당한 시기가 닥쳤을 때는 새롭게 조사하는 편이 낡은 데이터를 이용하는 것보다 좋은 결과를 얻을 수 있다.

이런 식의 논리가 다소 난폭하게 들릴지도 모른다. 사실 가격과 관련된 데이터를 지속적으로 갖고 있는 것은 갖고 있지 않은 것보다 좋을 수도 있다. 그러나 문제는 그것을 입수하기 위해 지불되는 노력과 비교해보면, 좀더 다른 방법으로 간단하게 같은 결과를 얻을 수 있다는 데 있다.

앞에서 예로 들었던 형광등의 색깔 조사도 좋은 예이다. 조사 결과 어떤 답이 나올지에 대한 예측은 색깔에 대해서 조금이라도 알고 있는 사람이라면 얼마든지 예측이 가능한 것이었다(사실 그 결과는 색온도 6,000도, 즉 태양광과 같은 색이었다). 그리고 그 답이 나왔을 때 그 회사가 취할 수 있는 행동은 자사의 기술력 측면에서 보면 범위는 더욱 제한적이다. 그렇다면 그러한 심리 조사보다는 판매 실험 쪽이 훨씬 효과적이라는 결론이 자연스럽게 나온다. 게다가 가격 문제까지 더하면 더욱 명료해져서, 조사 자체가 낭비라는 결론이 나올 수도 있다.

결코 남의 이야기가 아니다. 우리들이 흔히 하는 조사의 대부분이 '조사한 후에 생각한다'는 발상에서 비롯된 것으로, 이는 정말로 곤란한 사고방식이다. 구체적이고 현실적으로 실행할 수 있는 판매 전략 결정을 위한 수단으로서 조사를 계획하는 것, 그것이 요령이다.

시장조사에는
지속적인 데이터의 수집이 필수

**회사가 영업하는 한
시장조사는 계속돼야 한다**

다음은 지속적인 조사의 문제이다. 시장조사란 다른 입장에서 생각해보면 예측의 문제이다. 그런데 예측이 적중하기 위한 전제조건을 생각해보면, 특정한 시간을 기준으로 해서 그 이후를 예측하는 것이기 때문에 흘러가는 시간 속의 한 지점을 조사해봐야 원칙적으로 적중할 수가 없다. 따라서 시간의 흐름에 따른, 지속적인 데이터를 갖고 있어야한다. 이러한 사실에 비추어 볼 때 실질적인 도움이 되는 시장조사는 회사가 그 영업 활동을 중지할 때까지 계속하는 것이다. 그리고 앞에서도 얘기했듯이 아무리 잘 계획하여 얻은 데이터라고 해도 도중에 조사를 중단하고 방치해두면 그 데이터는 그 순간부터 부패하기 시작한다.

예측을 위해 지속적인 조사가 필요하다는 것은 같은 조사를 반복하기만 하면 된다는 의미는 아니다. 그때그때의 필요와 과거의 데이터를 고려해서 가장 적합한 수집 방법을 설계하여 실시하고 데이터를 축적해가는 것이다.

데이터를 수집하여 오늘 찾아낸 정보의 효과가 내일, 모레, 경우에 따라서는 한 달 뒤에도 대체로 비슷하리라는 것을 우리는 경험적으로 알고 있다. 실제로 단 한 번밖에 수집하지 않은 데이터라도 그 계획과 결과의 해석에는 과거의 경험이나 지식이 이미 충분히 활용되어 있으며, 과거에 축적된 데이터에 의해 올바르게 해석되어 있는 한, 상당히 정확한 예측이 가능하다. 그것도 일종의 지속적인 조사의 효과라고 볼 수 있을 것이다. 그리고 데이터의 재현성은 그러한 형태로만 확보되는 것이기 때문에 그것을 더욱 적극적으로, 적절하게 조합해서 조사하면 다른 요인과 마찬가지로 더욱 효율적이고 오차가 적은 예측이 가능하게 되는 것이다.

그런데 시장이란 시간의 영향을 크게 받는 것이기 때문에 공장의 작업 방식처럼 오늘 가장 좋았던 작업 방법이 내년에도, 또 다음 해에도 통용되는 경우는 적다고 생각하는 것이 일반적이다. 바로 그러한 점이 판매에 있어서 개인의 능력이나 숙련도, 경험의 깊이를 따지는 가장 큰 원인이었다. 그러나 명인이나 달인이 되기 위해서는 그 복잡다단한 현상 속에서 반복되는 패턴을 찾아야 한다는 것은 앞에서도 얘기한 바 있다. 그리고 명인이 체득한 반복에는 또다른 조건이 있다. 그것은 늘 현장과의 접촉을 유지하고 있어야 한다는 것, 바꿔 말하면 지속적인 데이터의 공급을 받고 있어야 한다는 것이다.

아무리 뛰어난 명인이라도 한동안 해외에 나가 있었다든가, 업무를 쉬었다든가 다른 이유로 현장과의 접촉에 공백이 생기면 그것을 메우는 데 상당한 노력과 고충이 요구되는 것이다.

여기서 강조하고 싶은 것은, 시장조사는 그때그때 떠오르는 것을 실행해서는 들이는 수고에 비해 그다지 효과가 없으며, 이전의 경험에 약간의 자료가 추가된 정도에 지나지 않는 것이다.

| 경쟁 회사의 마케팅 전략 조사하기

지속적인 조사에서 특히 중요한 것은 경쟁 회사에 관한 문제이다. 자사에 관한 것이 아니기 때문에 상대 회사가 취할 수단을 예측하는 것은 무척이나 어렵다.

따라서 그 수단의 효과 측정에 있어서도, 그것이 실행된 다음에 서둘러서 조사를 하면 오차는 상당히 크게 된다. 그러한 경우에는 상대의 수단을 훔쳐볼 수 없는 한, 항상 망을 쳐놓는 방법 외에 달리 뾰족한 수가 없다. 그러한 준비가 되어 있다면 상당히 유용한 정보를 그다지 어렵지 않게 얻을 수 있다. 게다가 그것은 상대 회사가 즉흥적으로 행한 조사보다 훨씬 정확도가 높은 조사가 될 것이다.

독자들이 소속된 업계에서도, 만약 다른 회사에서 이러한 조사를 하고 있다면 상대 회사가 자사보다 발매나 가격 인하, 그 외의 효과에 대해 보다 잘 알고 있을 가능성이 높다.

적을 알고 나를 알면 백전백승이라는 말도 있지만, 이 문제에 대해서는 의외로 관심이 희박한 듯하기에, 특히 주의했으면 한다.

그러나 이처럼 타사에 대한 조사는 자사에 대한 조사보다 더욱 치밀한 계획이 필요하기 때문에 원한다고 아무 때나 할 수 있는 것이 아니다. 그러한 경우에 바로 시작해서 의외로 효과를 볼 수 있는 것이 시장의 단층을 이용하는 방법이다.

평상시에는 묻혀 있던
정보를 얻을 수 있는 '시장의 단층'

경쟁사가 신제품을
발매했을 때 조사해야 할 것

여기서 말하는 '시장의 단층'이란 어떠한 형태로든 시장에 영향을 미쳤다고 볼 수 있는 모든 경우이다. 발매나 가격 인하는 물론 광고가 행해졌을 때나 누군가가 죽었을 때, 그 외에도 태풍이나 화재와 같은 자연재해 등이 모두 해당된다.

무언가 사건이 벌어졌다는 것은 시장에서 커다란 실험이 행해지고 있다는 신호이다. 그러한 단층이 발생했을 때는 기회를 놓치지 말고 모든 수단을 동원해서 그 전후의 변화를 조사해야 한다.

예를 들어 땅 속의 지층이 어떻게 되어 있는가를 조사하기 위해서는 평상시라면 땅에 구멍을 파보지 않는 한, 표면에서는 지층의 구조를 추측할 수 없다. 그러나 큰 비나 지진 등에 의해 산사태가 발생한 직후에 보면 거의 아무런 수단을 취하지 않더라고 그 내용을 알 수 있을 것이다.

물론 그것도 시간이 흐르고 나면 나무나 풀이 자라거나 다른 요인으로 인해 정보 가치를 잃게 된다. 시장에 있어서의 단층 역시 마찬가지다. 각 회사의 판매 활동이 평형 상태에 이르렀을 때는 그에 대해 여러 가지 데이터를 수집해보아도 많은 요인들이 얽혀 있어서 그 내용을 정확히 파악하기가 상당히 어렵다.

그러나 시장에 무언가의 변동이 생기면 평상시에는 몰랐던 문제를 곧바로 알 수 있게 된다. 이는 무언가 돌발사고가 생겼을 때 개인이든 국가든 그 성격이 드러나는 것과 같은 것이다. 그렇지만 그러한 사태가 언제 돌발할지 알 수 없는 경우가 대부분이기 때문에 항상 망을 쳐놓아야 하는 것이다.

물론 조금이라도 판매에 관여한 사람이라면 타사가 신제품을 발매했을 때라든가, 가격을 조정했을 때는 물론이며, 인사이동 등 무언가 변동이 있으면 반드시 그 영향을 조사할 것이다. 무의식중에 단층 조사를 하게 되는 경우다. 그러나 여기서 말하는 것은 그것을 보다 조직적으로, 자사의 행동과 연결해서 철저하게 실시해야 한다는 것이다.

판매 촉진을 위한 판촉 행사를 할 경우 그 시작 단계의 효과도 주의해야 하지만, 행사가 끝난 후의 수요의 변화와 구제품이 없어졌을 때의 효과 등도 단층에 해당된다. 그런데 시작 단계에는 주의를 갖고 지켜보지만 마지막까지 추적하는 회사는 드물다. 아마도 그 효과가 행사 초기보다 적기 때문일 것이다. 그러한 이유와 비용의 손익 계산으로 무시되고 있지만, 이후의 데이터도 중요하다는 것을 늘 염두에 두어야 한다.

물론 단순히 수집하는 것만으로는 의미가 없으며, 그 데이터를 어떻게 자사를 위해 이용하는가가 문제이다. 그리고 그런 목적으로 단층을 조사할 때는 조사 내용도 바뀌게 된다.

한 자동차 회사에서 타사가 신형차를 설계해서 곧 발매할 것이라는 정보를 입수했다. 회사의 판매부는 여러 가지 내용을 조사하기 시작했다. 그러나 조사 내용은 신차의 성능이나 소비자들의 평가, 가격 등이 중심이었으며 판매를 위한 내용이 빠져 있었다.

왜냐하면 그 신형차가 발매된 후에는 자사의 자동차 설계를 대폭으로 바꾸는 것은 어차피 불가능하다. 게다가 경쟁사의 차를 팔아주기 위한 것이 아니라면, 그 성능이나 가격을 세세하게 조사하는 것보다는 그에 대응할 수단을 강구하는 것이 우선이다. 예를 들어 현재의 차를 조금 개조하거나 판매 방식을 바꾸거나 또는 상대의 신차에 쏠린 관심을 이쪽으로 되돌릴 수단을 강구하거나 여하튼 자사의 판매에 끼칠 영향을 최소화할 수 있는 방법을 찾는 것이 문제인 것이다. 그 대책을 정하는 데에 단층은 어떤 의미에서는 정말로 좋은 기회이다. 왜냐하면 상대도 여러 가지 궁리를 하면서 머리를 짜내고 있을 것이기 때문에 그들의 능력의 한계도 알 수 있으며, 그들이 취한 방법의 유효성도 알 수 있다. 만약 그 가운데에 좋은 방법이 있다면 이쪽에서 그것을 따라하거나 선수를 칠 수도 있으며, 더군다나 그 반응을 바로 알 수 있다는 이점까지 있다.

이처럼 시장의 단층을 이용하면 많은 정보를 쉽게 얻을 수 있는 것이다.

5

경쟁에서 이기기 위한
조금 다른 조사 방법

특정 시기에 특정 회사가 현실적으로 취할 수 있는 행동은 여러 가지 제약으로 인해 그렇게 다양하지 않다. 그리고 그 제약이 구체적으로 나타난 것이 그 회사의 행동이기 때문에, 그것을 통계적으로 해석해가면 그 제약이 지속되는 한, 상당히 높은 적중률로 다음 행동을 추측할 수 있다. 판매에 있어서도 가장 중요한 문제는 상대가 다음에 어떤 수단을 취할 것인가를 예측하는 것이며, 그러한 예측을 위해서는 이와 같은 접근이 무척 유용하다.

통계를 이용해
타사의 전략을 예측할 수 있다

| 통계를 이용해 경쟁 회사를
| 이기는 방법

경쟁 회사가 다음에 어떤 제품을 발매할 것인가는 그 시장의 세력 균형을 바꾸는 직접적인 원인이 된다. 따라서 어느 회사건 그것을 파악하기 위해 모든 노력을 다하고 있음은 말할 필요도 없다. 그리고 상대 회사도 물론 그러한 의도를 감춘 채 경쟁 회사의 계획을 조사하는 것이 일반적이다. 그 경우 상대 회사의 다음 계획을 파악하기 위한 보편적인 방법을 발견하는 것은 실로 어려운 일이다. 따라서 종래에는 업계 정보통의 의견, 시장 경향, 경쟁 회사 기획자의 능력 등을 통해 파악하는 것이 일반적이었다. 그런데 이 경우에도 과연 통계적 방법을 사용할 수 있을까?

그와 관련한 하나의 예를 소개하겠다. 한 상품(비밀을 유지하기 위해 제품명은 말하지 않는다. 독자는 일반적인 상품, 예를 들면 비디오, 세탁기, 스테레오, 카메라와 같이 유행이 빠르게 바뀌는 것을 상상하기 바란다)이 있다. 그 상품은 고급형에서 보급형까지 상당히 다양한 종류가 있으며, 가격도 격차가 커서 몇 배씩 차이가 나는 것으로, 항상 신형이라든가 새로운 가격 등이 그 업계의 화제가 되어 떠들썩하게 만드는 것이다. 그리고 한 회사의 한 제품이 시장에서 인기를 독차지하고 있다고 해도 그것을 능가하는 신제품이 출현하면 그 다음 날부터 판매량이 뚝 떨어지는 것이 다반사일 정도로 경쟁이 치열한 상품이다. 그래서 그 업계에서는 상대 회사의 다음 방책을 예상하는 것이 경영자 또는 세일즈맨의 가장 중요한 업무였다.

이 경우 상대 회사의 다음 방책은 완전히 아이디어의 문제이기 때문에 외부에서 예측하는 것은 거의 힘들다고 생각하기 쉽다. 그러나 사실은 어떤 회사건 직원의 능력, 생산 설비, 시장의 요구 등에 의해 전략이 결정된다는 한계가 있다. 때로는 예상 외의 제품을 발매하는 경우도 있지만 극히 드문 일이며, 대부분은 그 틀 안에서 최선의 것을 찾아 노력하고 있는 것이 보통이다. 게다가 조사해보면 알 수 있는데, 그러한 틀뿐만이 아니라 회사에 따라서는 고유의 습성 또는 반복되는 패턴이 반드시 존재한다.

그래서 이 상품에 대해서도 대체로 과거 2년 간에 걸쳐 다음과 같은 표를 작성해보았다.

① 자사 시장에 대한 예상과 계획

② 자사가 실제로 취한 방법

③ 타사가 시장에 대해 생각하고 있는 계획에 대한, 자사의 예상

④ 타사의 구체적인 행동

⑤ 그 달의 시장 현황과 각사의 새로운 행동에 따른 시장의 변화

이상의 각 항에 대해서 매월 상세한 리스트를 작성하고, 통계에 따른 분석을 해보았다. 그런데 거기서 정말로 중요한 사실이 밝혀졌다.

① 각사의 제품에 공통된 기본적인 형태가 n종류 있다.

② 회사에 따라 다르지만, 신제품에서 다음 신제품이 나오기까지에는 설계의 난이도나 가격 요인을 염두에 두면 명확하게 하나의 주기성이 발견되며, 엉뚱한 시기에 신제품이 나오는 경우는 거의 없다.

③ 그리고 어느 시기에 나오는 신제품의 종류는 ①의 n종류 가운데, 이미 구식이 되었거나 또는 타사와의 경쟁에서 밀려 팔리기 어렵게 된 것이다(즉 판매의 흐름 사이에 커다란 상호작용이 있다).

④ 가격에 대해서는 n종류의 형식에 대해서 각사마다 업계에서 하나의 순위가 있으며, 그것을 적용했을 때 빗나갔다고 해도

기껏해야 플러스 · 마이너스 300엔 정도에는 반드시 들어간다.

바꿔 말하면, 그 시기에 그 회사가 시장에 대해 취할 수 있는 수단 가운데 가장 좋은 것을 선택하고 있다는 것이다. 그런데 이러한 분류를 바탕으로 해서 그 회사의 경향과 기술 및 제조 능력 등을 보면 아주 간단하게 그 회사의 신제품의 형태는 물론 판매 시기부터 가격까지 예측할 수 있다. 그리고 그 예측 가운데 어떤 형태가 나올지는 적중률이 90퍼센트에 가까우며, 발매 시기도 대체로 플러스 · 마이너스 1개월 정도의 오차 범위 안에서 예측이 가능했다.

이렇게 내막을 밝히고 보면 당연한 듯하지만, 이를 통해 정말로 중요한 두 가지 원리가 증명된 것이다.

① 특정 시기에 특정 회사가 현실적으로 취할 수 있는 행동은 여러 가지 제약으로 인해 그렇게 다양하지 않다.
② 그리고 그 제약이 구체적으로 나타난 것이 그 회사의 행동이기 때문에, 그것을 통계적으로 해석해가면 그 제약이 지속되는 한, 상당히 높은 적중률로 다음 행동을 추측할 수 있다.

우연히 이러한 반복의 원리가 발견된 것인데, 잘 조사해보면 어떤 회사에도 그러한 공통적인 원리가 반드시 발견된다. 그것만 파악한다면 손쉽게 상대의 의표를 찌를 수 있다. 최근에도 있었던 일인데, 업계에서 1, 2위를 다투던 회사가 시장조사과를 강화하고 조사 활동을 활발하게 실시하기 시작했다. 그런데 조금 시간이 지나자 너무도 이상한 결과가 나왔으며 그로 인해 담당자도 자신감을 잃고 있었다. 그러나 자세히 조사해보니 경쟁 회사에 책략가가 있어서, 그 회사의 조사과의 활동을 세세하게 조사해 그것을 역이용한 것이었다.

이와 같은 전략은 제2차 세계대전 이후 군사상의 목적에 자주 이용되었다. 예를 들어 고사포로 적의 전투기를 사격할 경우, 조종사는 마구잡이로 방향을 틀며 도망간다고 생각하지만, 전투기의 운동에는 속도나 선회 성능 등 많은 제약이 있으며 또한 인간의 심리적 성향에서 나오는 행동의 한계가 있기 때문에 그 이외의 영향, 즉 바람에 의한 탄도의 변화 등이 더해진다고 해도 가장 좋은 위치를 예측해서 명중률을 높일 수 있다.

판매에 있어서도 가장 중요한 문제는 상대가 다음에 어떤 수단을 취할 것인가를 예측하는 것이며, 그러한 예측을 위해서는 이와 같은 접근이 무척 유용하다.

누구나 얻을 수 있는
자료에서 극비 정보를 찾아낸다

| 풀과 가위만으로
| 고급 정보를 만들어낸 작가

지금까지 언급한 내용만 보면 시장에서 발생하는 사건에 대해 직접 조사하는 것만이 능사인 것처럼 생각될 수도 있지만, 사실은 그 이전에 해야 할 작업이 있다. 그것은 풀과 가위를 가지고 데이터를 수집하는 것이다.

제2차 세계대전 직전에 영국에서 각국의 군비를 다룬 책이 출판되었다. 그런데 그 가운데 독일에 관한 항목이 실로 세밀해서, 병력의 배치는 물론 각 사단장의 경력이나 성격까지도 세세하게 적혀 있었다. 그것을 읽은 히틀러는 어떻게 해서든 그 저자를 붙잡아 정보의 출처를 알아내야겠다고 생각했다. 비밀경찰 게슈타포에게 체포를 명령, 스위스의 출판사를 사칭해서 저자를 유인해내고 마침내 독일로 연행했다.

히틀러는 저자가 정보를 어떻게 입수했는지에 대해 직접 추궁했는데, 의외의 대답이 돌아왔다. 저자는 그 정보를 스파이나 특별한 자료를 통해서가 아니라 풀과 가위로 얻었다고 한 것이다. 즉 신문이나 잡지, 라디오 뉴스나 여러 가지 행사 등 누구나 접할 수 있는 정보 속에서 필요한 내용을 스크랩하고 그것을 체계적으로 자세하게 분석함으로써 지휘관의 이름은 물론 가족이나 버릇, 친구 관계 등 거의 완벽한 자료를 작성했던 것이다.

설마라고 생각할지도 모르지만, 사실은 정말로 유용한 수단이다. 지금까지도 신문을 오려 스크랩북을 만들고 있는 회사는 얼마든지 있다. 그런데 그 회사의 대부분은 그 작업을 여직원에게 맡겨두고 있다. 그렇게 할 바에는 차라리 신문의 축쇄판이라도 사는 편이 훨씬 낫다.

전문가가 스크랩해서 체계적으로 정리하고 어떤 목적 하에 해석하면 엄청난 위력을 발휘하게 된다. 이 방법의 가장 좋은 점은 하나의 사실에 대해서도 상당히 여러 각도로 해석된 정보를 얻을 수 있으며, 또한 경쟁 회사의 책임자의 의견까지 붙어 있는 완전한 정보를 얻을 수 있다는 것이다. 그리고 익숙해지면 일반적인 조사로는 얻을 수 없는, 경쟁 회사 내에서의 간부들 간의 알력이나 그들의 성격 등 미묘한 것까지 알 수 있다.

풀과 가위로 하는 방법은 집중 공략에 가까운 방법이다. 게다가 비용도 거의 들지 않으며, 감각만 있다면 그다음은 인내력의 문제인 것이다.

기밀 유지를
하고 있다는 것조차 기밀로 한다

| 경쟁사에 들키지 않고
판매 조사하는 방법

'계략은 끝까지 비밀로 해야 한다'고 하면, 최근에는 조금 안 좋은 의미로 받아들여지는 경우도 있는 듯한데, 판매에 있어서는 사실 진지한 문제이나.

앞에서 예측의 문제 뒤에 스크랩에 관한 이야기를 한 것은 경쟁 회사의 신제품이나 방침 등에 대해서는 일반적인 조사 방법으로는 유용한 정보를 얻기가 무척이나 힘들기 때문이다. 가장 유용한 정보란 그 회사 고유의 행동을 예측할 수 있는 자료가 되는 그 회사만의 독특한 습성 혹은 내부적 한계 등인데, 이는 그 회사가 창업 이래 이제까지 꾸준히 반복해온 독특한 패턴을 분석함으로써 얻어지는 것이다.

판매를 위해 행해지는 다양한 조사나 실험은 어떤 요인을 선택할 것인가에 대해서는 물론이며, 그 계획을 세웠다는 것 자체가 회사에 있어서는 사실 중요한 비밀이다.

즉 심혈을 기울여 계획된 판매 조사를 실시하고 있다는 사실을 경쟁 회사가 알게 되면, 그 경쟁 회사는 특별한 조사를 실시하기 위한 노력을 크게 생략할 수 있을 뿐만 아니라, 상대의 조사에 대해 자사에게 유리한 정보를 얻을 수 있게 되는 것이다. 이는 이전에 민영방송국들이 공동으로 텔레비전의 시청률 조사를 실시했을 때, 그 주에 한해서 특별프로그램을 편성해 물의를 일으켰던 예를 통해서도 알 수 있다. 또한 그렇게까지는 하지 않더라도 경쟁 회사가 실시하고 있는 방책만 알고 있다면 직접 조사하지 않더라도 타당한 판단을 내릴 수 있게 된다. 경쟁 회사는 신뢰도가 높은 데이터에 기반해서 현재의 시장에 대해 가장 좋다고 판단되는 방책을 강구했을 것이기 때문이다.

이는 샘플도 조사 비용도 제로인 시장 조사 방법의 하나이며, 더욱 교묘해지면 조사 비용이 마이너스, 즉 그것을 통해 반대로 수익을 올릴 수도 있다.

판매를 위한 정보 획득 조직은 그 존재 자체도 필요한 관계자 이외에는 알리지 않는 것이 좋다. 최근 몇몇 회사에서는 오랫동안 사용되어왔던 시장조사라는 이름을 쓰지 않고 홍보과로 통합하거나 아예 이름으로 바꾸는 곳조차 있는 것이다.

그렇지만 실제로는 경쟁 회사가 전혀 눈치 채지 못하게 여러 가지를 조사하는 것은 어려운 일이다. 그러한 경우에는 이쪽에서 생각하고 있는 계획의 목적이나 행동을 상대에게 알리지 않도록 하든가, 또는 다른 목적이 있는 것처럼 위장하면 된다.

그 가운데 가장 간단하고 효과적인 것은 랜덤식이다. 랜덤식은 설문조사 등을 계획할 때 알고 싶은 내용만 담으면 이쪽의 의도가 그대로 드러나기 때문에 그 외의 그럴듯한 질문을 추가하고, 실제로 집계를 할 때에는 필요한 것만 뽑는 것이다.

예를 들어 자사의 기술적인 결함을 조사하고자 할 때, 가격이나 디자인, 또는 지지 정당 등 여러 가지 질문을 추가해서 감추는 방법이다.

또한 가격 조사를 함에 있어서, 국지적으로 여러 가지 가격으로 팔아보는 시험 판매 방식을 취하는 방법도 있다. 그러면 물론 타사의 정보망에 곧바로 걸리기 때문에 경계를 할 것이라고 생각하지만, 계속해서 랜덤식으로 하기 때문에 잠시 술렁거리다가 점점 익숙해져서 진짜 가격 조사를 할 때에도 눈치 채지 못하고 흘려버리게 된다. 즉 '양치기 소년'의 방법이다.

그러나 정말로 교묘하게 계획된 조사는 외부에서 그 의도를 파악하는 것은 거의 불가능에 가깝다. 여기서 다른 예를 하나 들어보고자 한다.

고객에게 이익이 되면서
데이터를 수집할 수 있는 방법

| 신제품 클레임도 줄인
| 판매 조사

형광등을 대량으로 제조하는 한 회사가 판매 촉진을 위해 소비자에게 경품을 내건 적이 있었다. 형광등 포장 상자 속에 추첨 번호가 적힌 행운의 엽서를 넣고, 소비자가 그 엽서에 여러 가지 사용 조건을 써서 보내도록 한 것이다. 그리고 추첨을 통해서 당첨자 전원에게 형광등 한 개와, 1등에게는 텔레비전이나 세탁기를 선물했다.

이 방법은 언뜻 보기에는 일반적으로 행해지고 있는 판매 촉진을 위한 추첨과 차이가 없으며, 그것을 이용해서 사용 조건을 조사하고 있는 것으로밖에 보이지 않는다. 그러나 사실 거기에는 상당히 교묘한, 상품 수명 조사(라이프테스트)가 숨겨져 있었던 것이다.

이 조사의 목적은 사용 조건, 형광등인가 스탠드인가, 또는 농촌인가 도시인가, 전압의 고저 등을 단답식으로 기재하게 해서, 반송된 엽서를 그룹화하고 랜덤 추출을 통해 그것을 소비자 패널화하는 것이다. 그리고 필요에 따라서는 그 가운데에서 유의 추출*도 실시하고 그렇게 선정된 사람들에게 형광등 교환권을 발송한다. 그 교환권은 이전에 구입했던 형광등을 사용할 수 없게 되었을 때, 다 쓴 형광등과 함께 매장에 가져가면 새로운 형광등 한 개와 교환할 수 있게 되어 있다. 그리고 그렇게 해서 매장으로 돌아온 다 쓴 형광등은 전부 공장으로 회수된다. 결국 설문엽서를 통해 사용 조건을 세세히 파악할 수 있는 데다 어떠한 원인으로 형광등의 수명이 다했는지도 회수된 형광등을 통해 알 수 있게 된다. 따라서 가장 신뢰도 높은 수명 추정과 원인을 파악할 수 있게 되는 것이다.

그리고 당첨자를 선발할 경우 전압의 고저나 사용 시간, 지역 등에 따라 미리 그룹화하고 그 속에서 랜덤 추출을 해서 당첨시키면, 사용 조건에 의한 수명이나 그 외의 사고에 따라 어떠한 차이가 나는지도 곧바로 알 수 있게 된다.

공장에서 행해진 수명 실험에서는 충분히 자신이 있었지만 출하하면 의외의 상황에서 클레임이 생긴다. 그리고 형광등은 사용 조건에 따라 실수명이 상당히 큰 폭으로 변함에도 그에 대한 자료가 없기 때문에 판매부서가 계획한 경품 행사에

유의 추출

조사 대상이나 분석 대상을 뽑을 때 조사자나 분석자가 의미를 두는 대상을 추출하는 방식. 그룹화도 유의 추출의 한 방식이며, 냉장고를 두 대 이상 사용해본 소비자 등의 방식으로 대상자에 한정을 두는 것도 유의 추출의 한 방식. 옮긴이

편승해서 실시한 것이었다. 그 결과 기술적인 면에서도 정말로 귀중한 자료를 얻을 수 있게 되었다.

　과거와 같은 조사 방법으로 실시했다면 경비 측면에서도 큰 부담이 되었을 것이며, 타사에서도 분명 눈치를 챘을 것이다. 이 경우 소비자는 물론 기뻐했으며 게다가 순수 조사비는 엽서 값까지 포함해 극히 적은 액수였다. 기브 앤 테이크면서도 소비자에게는 기브 앤 기브라고 생각하게 했다는 점에 역점을 두기 바란다.

사내의 정보 흐름을
관리하는 사람이 중요하다

| 정보는 사내의
가장 많은 사람들에게,
가장 빨리 전달하라

우리가 여러 곳의 회사에 가서 판매상의 문제나 그 외의 조직 관리의 문제에 대해서 담당자들과 이야기를 나누고 있으면 "그것은 정말 좋은 방안이니 사장님께 직접 이야기해주십시오"라는 주문을 자주 받는다. 그것이 전혀 새로운 이야기라면 상관없지만, 그중에는 평상시에 생각하고 있던 것을 외부의 제삼자를 이용해서 설득하려는 목적으로 부탁하는 경우도 드물지 않다. 그런데 안타깝게도 사내의 의견이라면 채택하지 않으면서 제삼자가 말하면 하고 싶어 하는 관리자가 의외로 많다.

매일 얼굴을 마주하면서 서로 속속들이 아는 사람의 정보는 신뢰하지 않고, 같은 정보라도 다른 사람이 말하면 받아들인다는 것은 어떻게 생각해도 잘못된 것임에 틀림없다.

아마도 가장 큰 원인은 이전까지의 보고나 의견, 그 외의 정보를 사내에 전달하는 방식에 객관성이 결여되어 있었고, 때로는 의식적이든 무의식적이든 그것을 어떤 정치적인 목적으로 조정했기 때문일 것이다. 따라서 의견이 논리 정연한 것이라고 해도 이치에 맞으면 맞을수록 오히려 그로 인해 반발심이 느껴지거나, 속는 듯한 느낌이 들어 반대하게 된다. 그중에는 '나는 잘났으니까'라는 허영심으로 무언가 트집을 잡고 싶어 하는 최악의 간부도 있다. 그리고 전혀 모르는 타인의 이야기라면 솔직하고 비교적 객관적일 것이라고 생각하는 것이다.

이는 아주 위험하다. 자기편 사람을 신뢰하지 못하면서 무엇을 믿으려고 하는 것인가.

앞에서도 말했듯이 모든 발전은 이전까지 얻었던 정보를 최대한 이용하고, 그 결과를 더욱 새로운 착상의 원천으로 삼아 일보 전진하는 이른바 피드백에 의해 이루어진다. 그리고 그 발전 속도는 피드백의 회전 속도에 의해 결정되는 것이다.

우리는 판매나 제조의 실질적인 활동을 통해 얻게 되는 정보를 비롯해, 매일 발행되는 신문, 텔레비전 뉴스, 잡지에 의한 정보, 외부인의 이야기 등 수많은 종류의 정보를 매일 접하고 있다. 그 가운데에는 아주 중요한 것도 있지만 쓰레기 같은 것도 있을 것이다.

그 가치의 판단도 받아들이는 상대에 따라서 전혀 달라질 것이다. 그러나 정보의 가치는 역시 일단 들어보지 않으면 알 수 없는 것이다. 따라서 매일 입수할 수 있는 정보를 당연히 사내의 많은 사람들에게, 가능한 한 빨리 전달하는 것이 돈으로도 바꿀 수 없는 중대한 가치를 생산할 수 있는 방법이다.

언급한 것처럼 기밀 유지 문제도 중요하다.

기밀 유지라는 의미에서도 어떤 기업이든 사내 정보의 흐름을 계획하고 관리하기 위한 전문 부문, 또는 책임자가 필요하다고 생각한다. 정보가 그 책임자들에 의해 회사의 방침에 따라 정리되어 각 조직에 전달되는 것은 물론, 기업 전체가 가장 효율적으로 활동하기 위한 기반이 되도록 하는 것이 중요하다.

그러나 어느 기업에서건 다른 사람이 들었으면 정말로 귀중했을 정보가 특정한 한 사람의 기억으로 끝나버리고 어딘가에 묻혀버리는 경우가 비일비재한 것이 현실이다.

| 회식도 좋지만
더 효과적인 의사소통 방법

어느 회사건 기술부나 사무부라는 구분이 있어서 상대의 분야는 서로 모르는 것이 당연하다고 여기고 있다. 물론 입장이 다르면 정보에 대한 평가나 판단도 다르겠지만, 서로에게 정말로 중요한 뉴스를 상대에게 전달하고 있는지는 상당히 의심스럽다.

정보 교환을 위해 다음과 같은 방법을 취하는 회사가 있다. 매일 점심식사를 과장 이상의 관리자 전원(인원수에 따라 다르지만, 많아도 20명 이하로 하는 편이 좋다)이 함께하는 것이다. 그리고 아주 특별한 이유가 없는 한 매일 참석하도록 한다. 사족을 달자면 식사비는 물론 회사 측이 부담하고 같은 메뉴로 하는 것이 좋다.

그렇게 하면 적어도 점심시간 한 시간은 매일 서로 얼굴을 마주하게 되며, 얼굴을 마주하면 반드시 잡담을 나누게 된다. 게다가 식후이기 때문에 서로 편하게 이야기를 할 수 있다는 것도 알게 모르게 상당히 귀중한 정보 교환을 가능하게 하는 것이다. 회의 등 공식적인 자리에서는 결코 나올 수 없는 이야기가 반드시 나오게 되어 있다. 그러기 위해서는 반드시 매일 하는 것이 좋다. 일주일이나 한 달마다 하는 회식은 그냥 얼굴을 마주하는 것뿐 그다지 도움이 되지 않는다.

한 회사에서는 이 방법을 취한 후부터 의사소통이 실로 원활해졌으며, 가장 어려웠던 인사 문제까지도 수월하게 정리되었다.

이런 시도가 팀워크 또는 인간관계를 위한 하나의 수단이라고 말하는 사람이 있을지도 모른다. 맞는 말이다. 그러나 사실은 정보의 흐름이 그 기반이 되어 있다는 게 중요하다.

회사라는 거대한 조직체를 최종적으로 지탱하고 있는 것은 판매를 담당하고 있는 제일선의 직원들이다. 즉 아무리 큰 회사라고 해도 직접적으로 소비자와 접촉하며 물건을 파는 직원들의 판매 활동에 의해 기업은 생존을 유지하고 있는 것이다. 그리고 그들의 경쟁 상대 역시 경쟁 회사의 제일선에 있는 판매사원인 것이다. 이쪽에서 미는 힘과 상대가 되미는 힘의 균형을 통해 하나하나의 상품이 팔리는 것이다. 그리고 자사가 만든 제품의 디자인이나 품질, 광고, 또는 거래 조건 등은 제일선의 전사들이 상대와 경쟁하는 데 필요한 무기에 지나지 않는다.

따라서 회사의 모든 세력, 모든 두뇌는 일대일의 역관계에 집중해서 발휘되지 않으면 안 된다. 그것을 가능하게 하는 것이 기업 조직이며, 그 조직을 움직이는 것이 정보의 전달이다.

패널 조사를 통해
시의 적절하게 판매의 흐름을
알 수 있는 방법

| 음반과 신문의 생산량은
| 어떻게 결정할까

조금 지난 이야기지만, 한 레코드 회사를 방문했을 때의 일이다. 처음에는 품질관리의 문제, 즉 제조에 관한 일로 갔었지만, 이야기는 마침내 판매 쪽으로 흘렀다. 그리고 그 회사 관계자들은 이구동성으로 '레코드는 기복이 심한 상품'이라고 말하는 것이었다. 그래서 그 의미를 묻자, 레코드는 판매가에 비해 원가가 상당히 낮기 때문에 히트 음반이 나오면 많은 돈을 벌 수 있지만, 팔리지 않으면 전부 반품되어 공장으로 돌아오기 때문이라고 한다. 재생할 수도 있지만, 일단은 전부 손실이라고 생각하는 편이 좋다는 것이다. 나중에 실제로 공장에 가보았더니, 반품 레코드가 산을 이루고 있었다. 그리고 어떤

레코드가 히트할지, 언제 팔리기 시작할지 전혀 예측을 할 수 없기 때문에 기복이 심한 상품이라는 것이다.

그러나 생각해보면 이 이야기는 간단하다. 즉 팔리지 않는 레코드를 만들기 때문에 손해를 보는 것이다. 그런 레코드는 만들지 않으면 된다. 그렇게 말하자 '팔릴 것이라고 생각하니까 만드는 것이다. 처음부터 팔리지 않을 것이라고 생각했다면 만들지 않는다'고 반박한다. 이야기는 결국 그런 식으로 맴돌다가, 마침내 문제는 결국 새로운 레코드를 만들 때, 레코드의 수량을 어떻게 정하는가에 따라 승부가 결정된다는 결론이 나왔다.

그 질문에 대해 '영업 분야에 대가가 있다. 그 사람들이 레코드를 들어보고 과거의 경험이나 유행 등을 고려해서 몇 장 정도가 팔릴 것인가 의견을 교환해서 결정한다'고 한다. 그렇게 되면 기복이 심한 상품이 되는 것은 당연하다. 객관적인 근거는 하나도 없다. 물론 이 경우, 제품의 디자인을 투표로 결정한 사례를 거론할 수도 있겠지만, 더욱 좋은 방법으로 다음과 같은 예를 소개했다.

미국의 신문은 거의 가판 판매이며, 가정으로 배달되는 경우는 극히 적다. 따라서 미국의 신문사에서는 그날의 인쇄 부수 결정이 큰 문제가 된다. 신문의 승부는 기껏해야 4~5시간으로 결정된다. 게다가 판매량도 매일 다르다. 비 오는 날과 맑은 날이 다르고, 물론 기사의 내용에 따라서도 판매량은 크게 차이가 난다. 그래서 안전을 위해 적게 발행하면 물론 남는 신문은 없지만 결국 독자를 잃게 된다. 또한 너무 많이 인쇄하면 폐지가 될 뿐이다. 그 몇 시간의 승부를 어떻게 정하고 있을까? 그 어려움은 레코드와 비할 바가 아닐 터임에도, 그 내막을 보면 정말로 간단한 방법을 취하고 있다.

먼저 대표적인 신문 가판대 몇 군데를 선정한다. 여기서 말하는 대표란, 그날의 전체 판매량을 추정하기에 적절한 장소라는 의미로, 가장 잘 팔리는 곳은 물론 아니다. 그리고 신문이 나오면 곧바로 각각의 장소에서 판매하도록 하고 10분이나 15분 단위로 판매량을 전화를 통해 본사에 보고하도록 한다. 물론 그동안에도 윤전기는 돌고 있다. 그렇게 해서 모인 데이터에 그날의 날씨나 기사의 내용 등 여러 가지 변수를 추가해서 그날의 판매량을 추정한다. 그리고 충분하다고 생각되면 윤전기의 전원을 끄는 것이다.

이 방법은 말 그대로 판매 실험을 하면서 얻은 정보이기 때문에 그 재현성이 가장 좋다. 그런데 레코드의 경우 판매의 승부가 결정되는 것은 몇 개월이기 때문에 하루의 생산량을 비교하면 신문보다 훨씬 수월하게 생산량을 조절할 수 있다. 전국 판매량을 추정하기 위한 대표적인 매장으로 패널을 만들어 레코드 생산량을 관리하기로 했다. 이는 마치 태풍 철이 되면 남쪽 해양으로 관측선을 내보내는 것과 같다. 태풍의 경로는 예보를 통해 대체적으로 알고 있기 때문에 단 한 척만 내보내도 태풍에 대해 충분히 알 수 있는 것이다.

앞에서 든 예는 사실에 근거한 관리를 최대한 이용한 것으로, 제대로 실효성을 발휘하는 데는 타이밍이 관건이다. 정보는 습득한 순간부터 부패하기 시작하는 것이라고 생각하는 편이 좋다. 다소 거친 정보라고 해도 신선한 것이라면, 정밀하더라도 오래된 데이터보다 훨씬 유용하다. 이 점에서도 판매를 위한 조사는 기존에 행해지던 경제 동태 조사나 여론조사 등과는 전혀 성격이 다른 것이다.

시장조사라고 해서 데이터를 수집해서 집계하는 데 반 달, 많게는 한 달 이상도 걸리는 것을 자주 본다. 물론 조사 내용에 따라 그럴 수도 있겠지만, 남의 일임에도 '그것이 과연 도움이 될까' 걱정이 되는 경우가 있다. 앞에서도 언급했듯이, 계획을 세울 때 예상되는 결과에 따른 행동 요령까지 결정해두면 그렇게 시간이 걸리지 않더라도 충분한 데이터를 얻을 수 있는 것이 일반적이다.

레코드의 경우, 예측한다고는 해도 기껏해야 앞의 한 자리 수나 두 자리 수 정도의 정확도면 충분할 것이다. 왜냐하면 레코드는 로트 생산이기 때문에 최소한의 경제 생산 단위가 있으므로 그 이하의 자릿수까지 추측해도 의미가 없다. 시장에서는 타이밍이 맞지 않으면 아무것도 아니다. 야구의 헛스윙과 같다.

사실 정보 관리의 목적도 거기에 있는 것이다.

정보는 가능한 한
원래 상태의 것을 남긴다

| 고객을 감동시킨
| 어느 독일 회사의 비결

해외여행을 하고 온 사람에게 들은 이야기. 세계적으로 유명한 독일의 S라는 회사를 방문했는데, 예전에 사업차 방문했을 때 자신을 안내해주었던 사람이 이번에도 다시 안내를 해주더라는 것이다.

그리 드문 일은 아니다. 어느 회사에건 사원의 이름을 금방 기억해서 친근하게 불러줌으로써 신입사원에게 감동을 주는 간부들이 있게 마련이다. 그러나 S회사 정도의 대기업이라면 하루에도 수백 명의 방문자를 맞을 텐데, 어떻게 고객 하나하나 이름을 확인해서 맞춤 서비스를 할 수 있었을까.

놀랍긴 하지만 일본에서도 몇몇 회사에서 그런 식의 서비스를 실시하고 있다.

그 회사에서는 방문자가 있으면 방문 카드에 주소, 이름, 용건, 일시를 기입하도록 한다. 그것만이라면 당연한 것이지만, 그 외에 다시 방문했을 때의 극적인 효과를 위해, 다음과 같은 사항을 기입한다. 즉 방문했을 때의 교통수단, 안내해주었던 사원의 이름, 머물렀던 숙소와 방, 음식 취향, 접대를 했던 사람의 이름, 마작을 했다면 그 점수, 갖고 있던 선물 등을 모두 기입한다. 그리고 카드에 기입된 내용을 컴퓨터에 저장한다. 이 정보를 토대로 서비스를 제공하면 상대가 받는 감동은 배가 되는 것이다.

지금 예를 든 이야기에는 사실 중요한 원리가 포함되어 있다. 일반적으로 정보를 저장할 때, 각각의 정보들을 가능한 한 원래의 상태로 보존할수록 좋은 것이다. 예를 들어 앞의 예의 경우, 힘들게 데이터를 수집하고 집계해서, 언제 몇 명이 왔으며 접대에 사용된 비용은 얼마라는 식으로 정리해버리면 방문자의 숫자를 예상하는 데에는 편리하지만, 다른 정보는 모두 잃게 된다. 원래대로 보존하면 적어도 카드에 기재되어 있는 데이터는 어떻게라도 이용할 수 있다. 그렇지 않고 일반적인 방법으로 집계해서는 귀중한 각각의 데이터가 단순한 기록 용지로 버려진다. 정보의 손실이다. 그럼에도 현실에서는 단순히 편의를 위해 소중한 정보를 버리는 것이다.

정보의 끈 달기

결국 그러한 정보가 최대한으로 이용되지 않는 것은 원하는 정보를 임의로 추출하기 위한 절차상의 문제 때문이다. 그럴 때에는 필요할 때 곧바로 끌어당길 수 있도록 끈을 연결해두면 된다. 그리고 그것이 제대로만 된다면, 원하는 때에 언제든지 원래의 자료는 물론 집계치도 곧바로 얻을 수 있기 때문에, 여러 회사에서 만들고 있는 월보나 주보와 같은 것도 분명 필요가 없게 되는 것이다.

잘 생각해보면 월보나 주보 등의 통계는 언제 관련 데이터가 필요하게 될지 모르기 때문에 대체적으로 필요하다고 여겨지는 데이터를 매달 모아둔 것에 불과하다.

그렇지만 항상 같은 집계 방식이 좋다고는 할 수 없다. 모 지역에서 자사 또는 타사가 대대적인 판촉 행사를 벌였을 때 반응은 어땠는가? 가격 인하의 효과는? 모 지방의 대화재의 영향은? 판매 전략 결정을 위해 가장 유용한 집계 방법은 상황에 따라 다를 수밖에 없다.

기존에는 큰 사건 이외의 일상의 작은 것들은 여러 가지로 번잡하기 때문에 데이터를 만들지 않았다. 그러나 정보를 바로 꺼낼 수 있는 끈만 달아두면 그리 번잡할 것도 없다. 게다가 컴퓨터를 이용해 얼마든지 간단하게 작업할 수 있다. 물론 중요한 것은 컴퓨터에 무엇을 저장할 것인가이다.

정보에 끈을 달아두는 것에 성공하면 정보 관리의 제2보는 완성된 것이다. 제1보는 물론 무엇에 대한 정보를 얻을 것인가를 결정하는 것이다. 당연히 그 분야의 전문가에게 전임시켜야 한다. 비전문가가 간단하게 할 수 있는 일이 아니기 때문이다. 언뜻 보면, 실로 까다롭고 손이 많이 가는 작업처럼 보인다. 앞에서도 언급했듯이 사실 최전방의 판매원이 매일 얻은 뉴스에서부터 사장이 잡담 중에 문득 떠올린 것까지, 회사의 모든 귀와 눈을 통해 얻을 수 있는 정보에 집중하면 그 가치는 무척이나 크다. 그러나 그것도 파일링시스템의 발전에 의해, 할 생각만 있다면 큰 어려움 없이 얼마든지 할 수 있게 되었다. 따라서 그보다는 정보를 모으기 위한 교육이 더 어렵다는 것을 부언해두고자 한다.

결과를
올바르게 평가한다

| 시장 상황이 악화되었을 때도   누구나 판매를 위한 조사를
| 판매 조사는 중요하다   실시할 때에는 그 조사 결과
를 시장에 적용했을 때, 매출
이나 수주량, 이익률 등이 이전보다 좋아지기를 기대한다. 그러나
그 기대의 실현은 계획의 방식에 의해서만 결정되는 것이 아니라,
사실은 다른 요소에 의해 크게 좌우되는 경우가 적지 않다는 점을
유의해야 한다.

즉 상당히 잘 계획된 조사 결과를 충실하게 실행했음에도 결과적
으로 조사의 목적이었던 매출의 증대에 그다지 변화가 없는 경우
가 없지 않다는 것이다. 조사는 최소한 기업 활동의 일환으로써 행
해지는 이상 어떠한 형태로든 반드시 이익을 남기지 않으면 의미

가 없다는 관점에서 볼 때, 그러한 조사는 오히려 실시하지 않는 편이 낫다는 비난을 받을 수도 있다.

물론 이 경우, 조사에 있어서의 표본의 부족이나 그룹화 추출 방식 등에서 그 원인을 찾아야 하는 경우도 있을 수 있다. 그러나 계획할 때 충분하게 검토가 이루어졌다면 안전성은 확보된 것이며, 또한 그 결과에 대해서도 기대 손실이라는 방식으로 합리적으로 처리할 수 있다.

그러나 여기서 말하고자 하는 것은, 조사를 통해 우리가 얻을 수 있는 것은 계획 당시 우리가 생각했던 범위 내에서의 최선의 해답일 뿐이지, 계획자가 전혀 생각도 하지 않았던 미지의 것까지 포함한 최선의 해답을 제공하는 것은 아니라는 점이다. 이는 단순히 알기 위한 조사는 물론 대응 방안을 결정하기 위한 조사를 실시할 때에도 마찬가지다.

더욱이 이 경우, 그러한 결정에 따라 행동으로 옮겼을 때 현실적으로 과연 어느 정도의 판매 실적을 올릴 수 있는지는 그때의 시장 상황이나 수요자의 요구도 등에 의해 결정되는 것이지, 그 결론에 따른 행동으로 결정되는 것이 아니다. 즉 판매 실적이란 판매 행위에 대한 시장의 반응이라고 볼 수 있는 것이며, 반응은 시장 상황에 의해 결정되는 것이다. 따라서 시장 상황이 악화된 경우에는 아무리 최선이라고 판단되는 방법을 취했다고 해도 판매 실적이 생각만큼 좋아지지 않는 것은 당연하다.

그렇지만 그러한 경우에도 판매를 위한 조사는 역시 중요하다. 왜냐하면 그처럼 시장이 악화되었을 때에도 최선이라고 확신한 방법을 취해야 하기 때문이고, 그 경우 경험이나 직감에만 의존하면 최선이 아닌 방법을 취하게 되어 더욱 나쁜 결과를 초래할 위험이 있기 때문이다. 이처럼 손실을 최소화한다는 의미에서 조사는 충분히 값어치를 할 수 있으며, 또한 손실의 정도도 숫자로 파악할 수 있다. 더구나 그러한 상황에서 실적을 호전시키기 위해서는 현재의 상품을 판매해야 하므로 전혀 다른 입장에서 회사의 방침을 변경하는 것 외에 방법이 없을 것이다.

그러나 실제로는 그러한 극단적인 결과를 초래하는 경우는 오히려 적으며, 현실에서는 늘 두 극단 사이의 어딘가에서 균형점을 찾게 마련이다. 그리고 계획자는 그 결과가 좋든 나쁘든 과대 또는 과소평가하기 쉬운 것이 일반적이다. 따라서 아무리 매출이나 그 이외의 면에서 호전되었다고 해도 그것을 자사만의 수치로 판단해서는 안 된다. 예를 들어 타사의 시장점유율이나 클레임의 횟수와 내용 등을 종합해서 판단함과 동시에, 그곳에서 얻은 결과가 조사만의 문제인지, 타사의 방침에 영향을 받은 것인지, 시장 상황의 변화에 의한 것인지, 또는 그 이외의 요인에 의한 것인지 등을 잘 분석해두는 것이 필요하다.

판매의 과학에는 규칙이 없다

적정한 광고 방법을 선택한 덕분에 매출이 크게 증가했다고 하자. 그러나 광고에는 자사 제품에 대한 인식과 지명도를 높이는 효과도 물론 있지만, 동시에 일반적인 구매의욕을 높여서 타사의 제품을 포함한 동종 상품의 판매를 증가시키는 효과도 많건 적건 있게 마련이다. 따라서 타사의 동종 제품 가운데 자사보다 더욱 매력적인 상품이 있다면 그 상품도 덩달아서 판매가 증대하기 때문에 자사의 판매량만 따져서는 개선되었다고 단언할 수 없다. 그러한 경우에는 앞에서 언급했던 것과는 다른 입장에서 평가를 내리지 않으면 안 된다. 물론 그 광고의 목적 중에 '미래에 대한 포석'이라는 의미도 있다면, 조금 다른 결론을 얻게 될 것이다. 이처럼 계획에 대한 평가는 똑같은 현상에 대해서도 그 입장에 따라, 또는 시기에 따라 달라지는 것이다. 그러나 어떤 경우든 평가의 기준은 각각의 계획이 목표했던 바를 제대로 실현했는지를 평가할 수 있게끔 정해져야 한다.

공장이나 연구실에서의 성패는 생산률이나 코스트 등의 형태로 처음부터 분명한 경우가 대부분이지만, 판매의 경우에는 입장에 따라서 어떤 식으로든 해석될 수 있는 여지가 많다. 예를 들어 자사에서는 상업적인 교섭이라고 생각했지만, 경쟁 회사의 입장에서는 상도덕을 어긴 것이라고 볼 수 있으며, 제삼자인 전문가의 입장에서는 하나의 교훈으로 받아들일 뿐인 경우도 있다. 일반적으로 판매에 과학적인 방법을 도입함에 있어서 가장 곤란한 점은 거기에 규칙이 없다는 것이다. 그리고 그 규칙은 조사 평가의 경우, 조사의 목적으로부터 주어지는 것인데, 그 기본이 되어야 하는 것은 최종적으로는 회사의 경영 방침에서 유도되어야 할 성질의 것이다. 그리고 그것을 바탕으로 해서 결과를 올바르게 평가하는 것이 또한 다음 아이디어를 위한 중요한 원천이 된다.

6

읽으면 알 수 있는
조사 방법의 원리

원리를 설명한다고 하면 무척이나 복잡한 이야기처럼 들리겠지만, 사실 그 원리들은 극히 상식적인 것으로, 우리의 일상 경험을 통해서 간단하게 이해할 수 있는 것이다. 최근에는 판매 분야 외에도 경영 전반에 걸쳐 통계적 방법이 도입되었기 때문에 공식을 보는 것만으로도 머리가 아프다며 불만을 제기하는 사무 부서 사람들이 많을 것이다. 그렇지만 그러한 공식들은 사실 가장 상식적이며 누구라도 간단하게 이해할 수 있는 것이다. 그리고 원리를 알아두어야 이후의 복잡한 상황을 이해하는 데도 도움이 된다.

하나를 듣고
열을 아는 방법

| 누구라도 알 수 있는
통계 공식

현대는 전문가의 시대이다. 전철 추돌이나 화재, 횡령 등 관심을 끄는 사건이 발생하면 반드시 누구누구의 의견이라며 전문가의 진단이 뉴스를 장식한다. 예전의 신문이라면 기자들이 직접 진단을 내릴 부분도 오늘날에는 전문가의 말을 빌리거나 아니면 여론의 추이를 전달한다면서 일반인들의 의견을 덧붙이는 경우가 일반적이다.

이 경우 각각의 사건에 대한 여론조사가 이루어지면 물론 가장 좋겠지만, 그러기에는 노력이나 비용 등 상당히 준비가 필요하다. 게다가 뉴스로서의 극적 효과를 기대하기 위해서는 무엇보다 시간이 걸려서는 안 된다. 그래서 한밤중이건 해외 체류 중이건 관계없이 일단 여론의 대표로서, 이른바 각계의 전문가들을 좇게 된다. 또한 경우에 따라서는 직접 길거리로 나가 행인들의 의견을 구하는 경우도 있다.

그러나 과연 그렇게 해서 진정한 여론을 알 수 있는 것일까. 각계 전문가들의 경우 비평에 무게를 두기 때문에 여론을 대표하지 않아도 된다고 생각할 수도 있지만, 그럼에도 역시 대부분의 독자를 납득시켜야만 한다. 그렇지 않으면 그 신문은 결국 여론의 반격을 받아 미래가 불투명해질 것이다. 그래서 전문가들 중에도 일단 여론의 평균적인 대답을 들려줄 수 있는 사람들을 선택하게 된다.

그런데 그렇게 일부의 정보를 근거로 해서 전체를 추측하는 방식은, 과장해서 말하면 인류의 역사가 시작된 이래 늘 있어왔던 것이다. 아니, 모든 일상생활이 일부의 경험을 전체로 확대하고 그것을 판단의 기준으로 삼는 방식에 의해 이루어지고 있다고 해도 과언이 아닐 것이다.

그러나 일부의 지식이나 경험을 전체로 확대해도 된다는 보장은 없다. 그것은 일정한 조건을 충족시킬 경우에만 해당될 수 있다.

지금까지는 이런 종류의 작업이 거의 경험적으로, 개인의 능력에 의한 판단을 바탕으로 행해져 왔지만, 최근의 표본조사 이론은 그러한 추리에 과학적·객관적인 근거를 부여했다. 그 이론의 중요한 원리를 알아보자.

원리를 설명한다고 하면 무척이나 복잡한 이야기처럼 들리겠지만, 사실 그 원리들은 극히 상식적인 것으로, 우리의 일상 경험을 통해서 간단하게 이해할 수 있는 것이다. 최근에는 판매 분야 외에도 경영 전반에 걸쳐 통계적 방법이 도입되었기 때문에 공식을 보는 것만으로도 머리가 아프다며 불만을 제기하는 사무 부서 사람들이 많을 것이다. 그렇지만 그러한 공식들은 사실 가장 상식적이며 누구라도 간단하게 이해할 수 있는 것이다. 그리고 원리를 알아두어야 이후의 복잡한 상황을 이해하는 데도 도움이 된다.

앞에서도 언급했지만 판매를 위한 판단이나 아이디어, 그것을 제대로 사용하기 위해서도 통계적인 사고방식이 필요하다.

원리를 알지 못하고 설명을 듣는 것은 규칙을 모르고 야구 경기를 보는 것과 같은 것이기 때문에, 다음의 몇 가지 원리를 이해해두기 바란다. 그러나 걱정할 필요는 없다. 항상 가장 간단한 것이 진리이다. 아무리 설명을 들어도 이해가 가지 않는 것은 어딘가 잘못된 부분이 있기 때문이다.

우유와 학교 급식

| 그룹화의 유용성

이상한 제목이지만, 가장 알기 쉬운 비유이다.

시중에 판매되는 우유는 품질이 문제가 되기 때문에 검사를 통해 등급이 매겨진다. 우유의 등급을 매기기 위해서는 짜낸 우유에서 소량의 샘플을 채취해서 검사한다. 그런데 우유는 시간이 조금만 지나면 지방과 단백질이 상하로 분리되기 때문에 잘 섞어서 균일하게 한 후 샘플을 채취한다. 잘 섞는 것이 중요한 것이다.

잘 섞이지 않은 상태에서 샘플을 채취하면 경우에 따라서는 성분비가 달라지기 때문에 그 샘플로 합격, 불합격 판정을 받게 되면 억울한 경우가 생길 수도 있다. 즉 그러한 샘플로는 전체를 대표할 수 없기 때문이다.

그러나 잘 섞인 우유는 어떤 부분을 채취해도 같은 결과를 얻을 수 있기 때문에 소량의 샘플이라도 완벽하게 전체를 대표한다고 할 수 있다. 대충 섞으면 어느 부분을 채취하는가에 따라 결과가 다소 달라지기 때문에 판단에 편차가 생기게 된다.

그런데 우유의 경우 액체이기 때문에 섞어서 균일화하는 것이 가능했지만, 전구나 비누처럼 고체인 경우 섞을 수가 없기 때문에 문제가 된다.

지금 상자 안에 많은 물건이 들어 있고, 전체를 대표할 샘플을 추출하고자 한다. 만약 상자 안에 똑같은 탁구공이 들어 있다고 가정한다면, 이때에는 샘플의 수는 단 하나라도 좋다. 왜냐하면 두 개를 꺼내도, 세 개를 꺼내도 모두 같은 것들뿐이기 때문에 두 개 이상의 샘플은 필요 없다. 그렇다면 반대의 극단적인 예를 생각해보자. 상자 안의 물건을 전부 다 다른 것으로 상정하는 것이다. 예를 들어 탁구공, 자갈, 골프공 등 서로 다른 것들로만 채워져 있다면 상자 안에 무엇이 들어 있는지는 마지막 한 개까지 조사해보지 않는 한 알 수가 없다. 이처럼 추출되어 나오는 것이 전혀 다른 것뿐일 때는 일부의 샘플로 전체를 대표하는 것은 의미가 없는 것이다.

그러나 우리가 조사를 하는 것은 그 대상이 어떤 성질의 집단인지 모르기 때문에 하는 것이며, 따라서 지금의 이야기는 아무래도 순서가 뒤바뀐 듯한 느낌이 들지도 모른다. 여기서 얘기하는 것은 조사 대상의 집단(모집단)*이 가능한 한 비슷한 것일수록 같은 샘플 개수에 대해 정확도 높은 추정이 가능하다는 것이다. 따라서 무언가를 조사하려고 할 경우에는 먼저 대상을 가능한 한 특성이 비슷한 그룹으로 분류하고, 각각의 그룹에서 샘플을 취하는 것이 한꺼번에 몰아서 하는 것보다 오차가 적은, 바람직한 조사를 할 수 있는 조건이다. 이처럼 가능한 한 균일한 그룹으로 나누는 조작이 그룹화(Grouping) 또는 층화(Stratification)라는 방법이다.

이렇게 말하면 무언가 그럴듯해 보이지만, 사실 누구라도 경험적으로 행하고 있는 방식이다. 예를 들면 한 제품의 판매의 흐름을 보려고 할 때 백화점처럼 큰 매장과 변두리의 작은 매장을 섞어서 샘플을 추출하지는 않는다. 매장의 크기나 고객의 계층, 장소 등에 따라 각각의 샘플을 추출하고 각각에 대한 데이터를 정리하는 것이 보통이다. 그것은 판매의 경향이 전혀 다른 매장을 같이 취급하면 엉뚱한 결과가 나오기 때문이다.

이처럼 그룹화는 전체의 일부밖에 조사하지 않을 경우 생기는 오차를 줄이기 위한 목적에 유용하다는 것은 확실하다. 최근의 새로운 조사 기술 보급에 의해, 대부분의 데이터는 정확도 개선을 목적으로 그룹화를 이용해 샘플을 추출하고 있는데, 그룹화는 사실 판매를 위해서 더욱 필요한 작업이다. 그리고 정확한 그룹화가 조사의 성패를 결정한다고 단언할 수 있다.

모집단

조사 대상자 전체를 의미. 제품의 경우 해당 제품을 구매할 가능성이 있는 모든 사람이 모집단이 되며, 선거 결과를 예측하기 위한 조사의 경우 유권자 전체가 조사의 모집단이 됨. 옮긴이

조사의 성패를
결정하는 그룹화

| 판매를 하기 위한 조사,
| 통계를 내기 위한 조사

판매를 위한 조사에는 반드시 어떤 행동이 따른다. 그리고 그 행동은 곧바로 다음에 취할 전략이 되기도 하고, 또는 계획 결정을 위한 자료가 되는 경우도 있을 것이다. 그러나 그 어떤 경우에도 그룹화가 제대로 되어 있지 않으면 오차가 커져 조사의 효율성이 떨어질 뿐만 아니라, 그 조사로부터 얻은 결론을 적합하게 적용할 수 있는 범위가 제한되어 유용성이 현저하게 감소하는 사태를 초래한다.

예를 들어 초등학교 급식의 칼로리 필요량을 조사하기 위해 60명의 샘플을 검사했다고 하자. 이 경우 샘플의 추출 방식은 전교생 전체를 모집단으로 생각하고 임의로 60명을 추출하는 방법도 있고, 각 학년별로 구분해서 6개의 집단을 만들고 각각 10명씩 총 60명을 선택하는 방법도 있다.

그러나 전교생을 하나로 모으는 방법은 간단한 듯하지만 가장 좋지 않은 방법이라는 것은 말할 필요도 없다. 왜냐하면 개인에게 필요한 칼로리의 양은 연령에 따라 큰 차이가 있어서, 최대와 최소 사이에는 두 배 이상의 차이가 있을 수 있기 때문이다. 전교생 전체가 하나의 모집단이 되면 그 균일성은 아주 나빠지며, 당연히 추정 정확도도 떨어지게 된다. 게다가 전교생을 섞은 모집단에서 60명을 추출하여 평균치를 내고 그 데이터를 근거로 급식 칼로리를 정하면, 1학년생은 다 먹지 못할 것이며 6학년생은 모두 허기지게 된다. 과부족이 없는 학생은 전체의 극히 일부밖에 해당되지 않는다. 즉 데이터의 유용성은 극히 낮다.

이 경우 주의해야 하는 것은 평균치 추정의 정밀도는 샘플의 숫자를 증가시키면 계산상으로는 얼마든지 개선할 수 있지만, 그 결론의 유용성은 수치의 정확도와 관계가 없다는 점이다.

물론 이렇게 극단적인 방식은 상식적으로 봐도 이상하기 때문에 아무도 선택하지 않는다. 일반적으로는 1학년, 2학년 등 학년별로 그룹을 나눠 칼로리의 요구량이 대체로 비슷한 학생들을 하나로 모아서 6개의 모집단을 만들고, 거기서 각각 10명씩 샘플을 취할 것이다. 이렇게 하면 모집단의 균일성이 단연 좋아지기 때문에 추정의 정확도도 비약적으로 개선된다. 그리고 그 결과의 유용성은 훨씬 좋아져서 각 학년 모두 과부족은 상당 부분 없어질 것이다. 게다가 이 경우 준비 과정은 샘플을 추출할 때 조금 다를 뿐 큰 차이가 없다.

너무도 당연한 얘기를 시시콜콜하게 설명한다고 생각할 독자가 있을 것이다. 그러나 이러한 균일화의 조작을 가하지 않고 무조건 정보를 수집해서 정리한 데이터가 의외로 많다. 게다가 거기에 약간의 통계 용어를 사용한 해설이 붙어 있으면 반론의 여지가 없는 사실로서 받아들여지게 된다. 물론 그러한 데이터가 제대로 맞지 않는다는 사실은 어차피 밝혀질 것이기 때문에, 결국은 숫자의 마술이라는 말로 정리되곤 한다.

그러나 수치 또한 어떤 사실을 드러내주고 있는 것이라, 마술이라는 한마디로 무시하는 태도는 과학적이라고 할 수 없다. 단지 우리가 원하던 목적에 필요한 유용한 정보를 제시해주지 못하는 것뿐이다. 여기서 단순한 사실과 진실의 차이가 드러나게 된다. 즉 앞에서 말했던 조사에 있어서 진실이란 한마디로 말해, 우리가 목적했던 바를 이루기 위해 반드시 필요한 정보라고 할 수 있다. 따라서 목적 없이는 무엇이 진실이고, 어떻게 조사하는 것이 타당한가를 단언할 수 없다. 그것은 우리가 만드는 것이다.

따라서 목적에 따라 그룹화의 방법은 당연히 달라진다. 예를 들어 PTA(Parent Teacher Association, 사친회)의 기부금은 얼마나 될까를 목적으로 조사를 한다면 학년별로 그룹화하는 것은 무의미한 것이 된다. 보호자의 직업이나 지위별, 또는 살고 있는 집의 크기, 피아노의 유무 등으로 그룹화하는 편이 도움이 된다. 최근에는 통계 기술이 상당히 보급되어 그룹화한 조사 데이터를 자주 볼 수 있게 되었지만, 아직도 목적을 생각하지 않는 그룹화가 많이 있다. 그것이 여론조사나 그 외의 실태 조사를 위한 것이라면 이야기는 다르지만(사실은 역시 문제가 되긴 하지만, 그다지 피해를 주지 않는다), 지금의 경우처럼 필요 칼로리를 결정하는 데 보호자의 지위로 그룹화하는 식의 엉뚱한 방법이, 판매라는 절실한 목적에조차 많이 쓰이고 있다.

그룹화를 정교하게 하면 필요한 샘플의 숫자는 극단적으로 감소하며, 목적에 따라서는 한 사람만 조사해도 알 수 있는 경우가 있다. 단 한 사람으로는 오차 계산이 불가능하다고 생각할지도 모르지만, 판매를 위한 전략을 결정하는 데는 그것으로도 충분할 때도 있다. 통계 계산을 하기 위해 조사하는 것이 아니라는 점을 다시 한 번 강조한다.

그룹화의 핵심은 무엇인가

| 그룹화를 위한
| 예비 조사

지금까지 설명한 것을 통해서도 알 수 있듯이, 조사 계획의 첫 단계는 그룹화에서 시작된다. 그리고 그룹화를 위해 어떤 요소를 채택할 것인지는 경험자의 의견, 학문적 연구, 또는 그 연구에 기반한 이론적 추측, 더 나아가서는 예리한 직감이나 과거의 데이터 등이 중요한 역할을 한다. 즉 그러한 여러 가지 지식 또는 생각은 조사 계획에 있어서 무엇을 조사할 것인가를 결정함과 동시에 그룹화를 위해 없어서는 안 되는 중요한 요소들이다. 그리고 일부밖에 조사하지 않음으로써 생길 수 있는 오차를 최소화하고 이후 조사 결과가 구체적인 행동으로 이어지도록 하는 데 중요한 역할을 하는 것도 역시 그 요소들이다.

따라서 어떻게 그룹화하면 좋을까에 대한 예비 조사가 필요한 경우도 생기게 된다.

예를 들어 한 상품을 세일즈맨을 통해 방문 판매를 시키고자 할 경우, 몇 시 즈음에 방문하는 것이 좋을까를 비교하고자 한다면, 방문 가정의 가족 구성원에 따라 그룹화할 것인가, 직업이나 지역에 따라 할 것인가, 농업 지구나 상업 지구 등으로 분류할 것인가 등을 결정해야 하는데, 그 그룹화의 방식에 따라 그룹 내의 적정한 방문 시각이 어떻게 변화하는가를 조사하는 것이다. 그리고 가장 비슷한 수치가 되는 분류법을 발견해서 그룹화하고 샘플을 조사하면 되는 것이다. 물론 경우에 따라서는 한 방향의 그룹화뿐만 아니라 몇 개의 요인을 채택해서 몇 단계로 분류해야 할 필요가 생길 수도 있다. 만약 적정한 그룹화의 방법을 발견할 수 없을 때는 많은 인력과 비용을 들여 본격적으로 대대적인 조사를 하는 것보다는 그룹화만을 위한 예비 조사를 하는 편이 훨씬 안전하고 경제적이다.

예비 조사를 해본 결과 실제 조사를 해도 소용이 없다는 결론이 나와 계획을 완전히 다시 세우게 되는 경우도 사실 드물지 않다.

목적을 분명히 하고 조사 의뢰하라

표본조사 방법이 확립되면서 시장조사 전문가가 생겨났으며 조사는 전문 조사 기관에게 맡기면 된다는 분위기가 확산되고 있는 듯하지만, 그것은 말도 안 되는 이야기이다. 판매 자체가 실험이며, 모든 것이 조사의 대상이라는 것은 앞에서도 설명했다. 또한 앞서 설명한 그룹화 요인을 찾아내는 문제를 위해서도 경험이나 직감이 중요한 의미를 갖는다. 경험이나 직감은 그룹화에 의한 샘플 수 감소와 경비 절약, 게다가 유용성 증가라는 의미에서 조사의 효율성 향상의 원천이라고도 할 수 있을 것이다.

또한 그룹화는 조사의 단순한 편의를 위해서라도 행해지는 편이 바람직하다.

전국의 소매점을 조사하고자 한다면 어차피 그 명부가 행정구역별이나 출장소별로 정리되어 있을 것이기 때문에, 전국을 하나로 해서 샘플을 채택하는 것보다 정리된 명부에서 지역별로 채택하는 편이 간단하다. 게다가 그것은 일종의 그룹화이기 때문에 그 그룹화 방법이 목적에 부합하는지는 차치하더라도, 전국이라는 모집단 내에서의 불규칙성보다는 각 지역이나 출장소별로 형성된 모집단 내에서의 불규칙성이 일반적으로 적을 수밖에 없다. 따라서 균일화의 원리라는 측면에서 보자면 정확도도 개선되는 것이다. 어쩌다가 한 지역 내에서의 불규칙성이 전국에서의 불규칙성과 정확하게 일치했을 때만 분류화의 효과가 없다. 그리고 전국을 모집단으로 했을 때와 효율은 같게 되는 것이다. 그러나 약간이라도 지방색이 있는 것이 보통이기 때문에, 그룹화하는 편이 득이 된다.

그런데 그룹화는 일반적으로 세분화하면 할수록 각각의 모집단 내에서의 불규칙성은 적어지지만, 무한대로 그룹화를 할 수는 없다. 따라서 어디까지 세분화할 것인가를 판단해야 하는데, 그 기준은 우리가 세운 목적에 대한 시장의 반응을 올바르게 판단할 수 있는 선이 될 것이다. 정확도가 일정 기준 이상이 되면, 우리의 대응 방식에도 차이가 없어지기 때문이다.

외부의 조사 기관 등에 의뢰하면 여러 가지로 분류화해서 조사한 데이터를 제공해준다. 그러나 지나치게 세분화하면 오히려 전체적으로 파악하기가 어려워지고, 읽는 사람에 따라서는 데이터에 지나치게 무게를 주어 판단하는 경우까지 생기게 된다. 따라서 의뢰를 할 때에는 목적을 분명하게 전달해야 한다. 그리고 그룹화의 요인 선정은 단순한 조사 기관에서는 판단하기 어려우므로 의뢰자 쪽에서 안을 제시하고 충분한 상담을 거친 후에 결정해야 실패하지 않는다.

객관적이며 치우침이 없는
랜덤 추출의 이론

| '소수의 샘플에 의해
전체를 추정한다'

다음은 결정된 모집단으로부터 모집단을 대표할 샘플을 채택하는 문제이다. 샘플은 모집단 전체를 충실하게 대표할 수 있는 것을 채택해야 한다. 여기서 말하는 대표는 물론 올림픽 대표선수와 같은 대표가 아니다. 스포츠의 경우 가장 빨리 달린다거나 가장 높이 뛴다는 뜻의 대표이지만, 이 경우에는 전체의 성질을 치우침 없이 드러내줄 수 있는 것을 의미한다.

그러나 어떻게 하면 평균을 나타내는 대표를 채택할 수 있는가 하는 문제가 되면, 그렇게 간단하지 않다. 첫째, 집단이 어떤 성질을 갖고 있는지를 알기 위해 샘플 조사를 하려는 것이기 때문에,

모집단 속에서 가장 평균적인 것을 채택하라는 것은 모순이다.

우유의 경우처럼 뒤섞으면 대체적으로 균일하게 되는 경우에는 어느 부분을 시료로 채취할 것인가에 대한 문제는 별로 없다. 그러나 대상이 인간이거나 한 개, 두 개로 셀 수 있는 물건인 경우에는 간단한 문제가 아니다. 이 경우 전체를 한 눈에 볼 수 있도록 진열할 수 있다면 대체적인 예측을 할 수 있을지 모르지만, 일반적으로 그것은 불가능하다. 또한 한눈에 볼 수 있다고 해도 그 예측에는 주관적인 평가가 개입될 여지가 충분하다.

전체를 조망한 후에 샘플을 채택하는 방법은 예부터 경험적으로 (사실은 그 외의 방법이 없었기 때문에) 행해져왔다. 신문이 유명인에게 의견을 묻는 것도 같은 종류의 추출법 가운데 하나인데, 거기에 편향이 없다는 객관적인 보장은 없는 것이다.

객관적이고 편향이 없는 안전한 방법은 랜덤으로 샘플을 채택하는 것이다.

랜덤(무작위 또는 임의)으로 샘플을 채택하는 것은 우리가 조사하려고 하는 모집단에 대해 공간적·시간적으로 모두 평등하게 그 기회를 부여하는 방식이다.

만약 전부를 알고 싶다고 해서 전부를 조사한다고 해도, 그것을 전체적으로 조망하기 위해서는 모든 데이터를 수집해서 평균치를 찾아 비교하는 것이 된다. 그렇다고 한다면 일부밖에 조사할 수 없는 경우에는 샘플로서 추출될 기회를 평등하게 부여해서 샘플의 평균치를 찾아내면 된다. 예를 들어 1,000명 가운데 100명의 샘플을 채택할 경우에는 개인이 샘플로서 추출될 확률을 평등하게 10분의 1씩 부여하는 것이다. 그렇게 하면 평균치에 미치는 영향력은 최소한 기회가 같다는 의미에서 평등하게 된다. 그렇게 추출된 샘플은 전부를 대표하는 것으로 생각해도 지장이 없다는 것이다.

이처럼 언뜻 보면 대담해 보이는 원리를 생각해낸 사람은 추계학推計學*의 시조로 불리는 로널드 피셔(Ronald Fisher)이다. 이전까지는 경험적 · 직감적으로밖에 행해지지 않았던, '소수의 샘플에 의해 전체를 추정한다'는 방식에 비해, 랜덤의 원리라 불리는 이 방식은 객관성을 지닌 구체적이고 실천적 수단을 부여했다는 점에서 의미가 있는 것이다.

랜덤 방식을 실행하기 위해서는 주사위, 또는 각 숫자의 출현 빈도가 같다는 것이 확인된 난수표를 통해 샘플을 추출하면 된다.

또한 이 원리는 모든 수를 조사해야 할 때에도 중요하다. 이때에는 모두 조사하기 때문에 틀림없다고 단정하기 쉽지만, 시간이라는 요소에서 보면 역시 시간의 흐름 속에 임의의 한 점을 조사하고 있는 것이 된다. 그러한 의미에서도 시간이라는 요인에 대해서 랜덤 추출을 하지 않으면 시간적 편향이 생길 가능성이 있다. 앞에서 공간적 · 시간적으로 랜덤으로 추출한다고 하는 것은 이 의미에서 모두를 조사할 때에도 반

추계학
모집단 전체에 대한 조사가 아니라 표본에 대한 조사만으로 조사 대상의 특징을 알고자 하는 경우 모집단의 특성을 표본을 통해 알고자 하는 '추정론'과 모집단이 이러할 것이라는 가설을 표본을 통해 조사하는 '검정론' 등을 주장하는 학문. 옮긴이

드시 필요한 것이다.

일반적으로 실험이나 조사에서의 오차란 그 계획에 채택되지 않고 남은 모든 요인의 종합이라고 할 수 있다. 그리고 랜덤의 원리란 오차가 되는 그러한 요인들을 랜덤으로 조합함으로써 실험 또는 조사의 데이터에 대한 영향을 평균화하고 편향을 제거하는 것을 목적으로 한 것이다.

따라서 랜덤을 통해 데이터를 수집하면 오차로 인해 어떤 실험 또는 조사의 조건에 특별하게 불리하거나 또는 유리한 핸디캡이 주어진다고 해도, 그 특정 조건에 두 번 세 번 같은 핸디캡이 주어지는 것은 확률적으로 불가능하기 때문에, 데이터의 수를 늘리면 그 평균치는 얼마든지 진실치에 가까워지게 된다는 것이다.

결국 랜덤의 원리에서 중요한 것은 숫자만 늘리면 얼마든지 진실치에 가까워진다는 것이 보장된다는 점이다. 이에 대한 재미있는 실험을 소개하고자 한다.

많은 학생들을 나란히 세워놓고 평균 키를 알고자 한다고 하자. 대체적으로 평균적이며 중간 정도로 보이는 학생을 눈짐작으로 샘플로 채택해서 키를 측정해도 대체적인 수치는 나올 것이다. 그러나 이 경우 한두 사람으로는 불안하다는 이유로 계속해서 그 수를 늘려가도 그것이 정확한 평균치에 가까워진다는 근거는 없다. 그것은 선택하는 사람의 판단에 의해 결정되는, 어떤 편향을 나타내게 될 것이다.

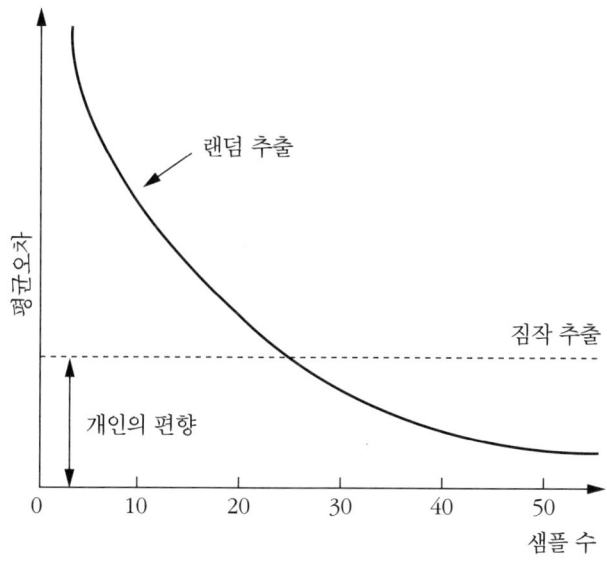

다음에는 랜덤 추출을 해보자. 이때에는 난수표 또는 주사위로 선택하기 때문에 샘플 수가 한 사람이나 두 사람일 경우에는 엄청 난 키다리나 꼬마가 추출될 수도 있어서 결론의 오차가 커질 우려가 있다. 그러나 수를 점점 늘려서 평균치를 찾다 보면 반드시 진실치에 가까워지는 것이다.

앞의 그래프를 보면 랜덤은 샘플 수가 적을 경우에는 짐작 추출에 비해 열등하지만, 조금씩 샘플 수를 증가시키면 일반적으로는 우세해진다. 게다가 짐작 추출의 정확도는 전체를 조망할 수 있을 때, 그리고 샘플을 추출하는 사람의 능력에만 의지한다. 게다가 많은 샘플을 조사한다고 해도 그것이 진실치에 가까워진다는 보장은 객관적으로 없는 것이다.

이러한 랜덤 추출은 검사나 감사와 같은 목적에 사용할 경우 극히 유효하다는 것을 부언하고자 한다.

| 랜덤의 위력

수년 전 한 관공서로부터 공중위생의 감시에 대한 상담을 받은 적이 있었다. 대중탕, 음식점부터 청량음료나 자동판매기 관리까지 모두 소수의 사람들이 하고 있기 때문에 전부 손이 닿지 않는다는 것이다. 그래서 소수의 인원을 집중적으로 활용해서 효과를 높이기 위해 날짜를 정해 일제 단속을 하지만, 사전에 정보가 유출되어 좀처럼 진상을 알 수 없다는 이야기였다. 그래서 나는 랜덤 추출을 제안했다.

먼저 감시원에게 등번호를 매긴다. 누가 언제 어디로 갈 것인가를 난수표로 결정한다. 그 대신 해당되는 곳은 철저하게 조사하는 것이다.

이 방법을 대중탕에 적용해본 결과, 이전까지는 합격률이 90퍼센트였던 것이 실제로는 20퍼센트 이하라는 한심스러운 데이터가 나왔다. 다음으로 청량음료 회사를 대상으로 실시하자, 합격률은 35퍼센트. 이전까지는 대체로 예고가 있었기 때문에 그때만 잘 지나가면 됐지만 랜덤으로 하게 될 경우 언제 검사가 나올지 알 수 없다. 따라서 언제 오더라도 합격할 수 있게 하기 위해서는 항상 잘 관리하지 않으면 안 되는 것이다. 게다가 랜덤 추출이기 때문에 데이터에는 편향이 없다. 즉 진상이 전부 드러나기 때문에 일석이조가 된다.

언뜻 생각하기에는 이처럼 랜덤으로 하는 것보다 의심스러운 곳을 집중 공략하는 편이 유효해 보일지 모르지만, 상대의 입장에서 보면 그러한 집중 공략은 몸을 피할 수 있는 기회가 얼마든지 있다. 그 구체적인 사정은 회계 검사를 통해 공무원의 독직을 적발하는 것이 어렵다는 것으로도 충분히 짐작할 수 있을 것이다. 만약 회계감사원이 조사원은 물론, 조사 날짜나 조사 대상까지 모두 랜덤으로 정해서 철저하게 조사하면 엄청난 부정이 폭로될지도 모른다. 그러나 현실적으로는 그러한 방법은 지나치게 효과적이기 때문에 사용할 수 없는 경우가 있다. 대중탕, 자동판매기의 검사도 겨우 1년이 지나지 않아 중지되었다.

패널 조사도
방법에 따라서는 유용하다

| 소매점의 매상
| 조사하기

지금까지 서술한 것은 시장 조사에 근대적인 입김을 불어 넣어준, 가장 중요한 원리이다. 그럼에도 판매 분야에 그 원리들을 구체적으로 적용하기에는 많은 제한이 있으며, 때로는 계획대로 데이터를 수집하는 것 자체가 불가능한 경우도 있다.

랜덤 추출의 원리를 잘 이해하고 활용하면 물론 도움이 되지만, 목적에 따라서는 랜덤 추출 방식이 아니더라도 그 편향을 보정할 수 있는 수단만 있으면 만족할 만한 결과를 얻을 수 있으며, 신뢰할 만한 데이터로 활용할 수도 있다. 즉 엿장수 가위도 사용하기 나름인 것이다.

예를 들어 회사의 홍보나 발매, 판매 효과, 신제품의 판매 속도 등을 정확하게 알기 위해 자사 및 타사의 제품이 최종 수요자의 손으로 건네지는 소매점 선에서 매출을 조사하는 것은 대중 상품의 경우 특히 중요하다. 그래서 지방별이나 인구밀도별 등의 여러 가지 그룹화 요인으로 세분화해서 모집단을 만들고, 그 가운데에서 랜덤으로 소매점을 추출한다. 그러나 해당되는 소매점에 데이터를 요구해도 자사의 것은 몰라도 타사의 것까지 가르쳐줄지는 알 수 없다.

특히 최근처럼 대기업에 의한 소매점의 계열화 움직임이 강할 때에는 자사의 매장이 샘플로 추출되든 타사의 매장이 추출되든 얻을 수 있는 결과에는 상당한 편향이 나온다는 점을 각오해야 한다.

그러나 만약 그 데이터를 제대로 파악할 수만 있다면 그로 인한 이익은 헤아릴 수 없을 정도이다. 특히 타사의 판로 확장과 매출과의 관계를 알 수 있을 때에는 더욱 그러하다.

이럴 경우에는 어쩔 수 없으므로 매일 또는 정기적으로 보고해줄 협력적인 소매점만 우선 선발한다. 그리고 그 가운데에서 가능한 한 대표적인 판매량을 보이는 소매점을 추출하고 지속적인 데이터를 수집한다. 이 경우 대표적이라는 것은 그 데이터를 통해 전체의 변동을 추측할 수 있다는 의미이며, 반드시 판매량이 많은 소매점이라고 한정할 수는 없다. 그리고 그 소매점이 항상 평균보다 많거나 적거나 비슷한 정도로 편중되어 있다면 편중의 정도를 따로 조사해서 그것만 보정해주면 된다.

그리고 그 소매점에서 얼마를 팔았는가 하는 구체적인 금액은 일반적인 목적에는 필요하지 않다. 여러 가지 판매 활동에 대한 수요자의 반응이나 지난달에 비해 몇 퍼센트 정도 판매가 감소했다거나 하는 상대적인 수치만 있어도 충분하다. 더욱이 경우에 따라서는 매출이 증가했는지 감소했는지만 알아도 되는 것이기 때문에 랜덤으로 추출한 샘플이 아니어도 충분이 도움이 되는 것이다.

이처럼 몇 개의 샘플을 고정해서 지속적으로 데이터를 받는 방식을 패널에 의한 조사라고 하는데, 이러한 종류의 소매점 패널이나 소비자 패널은 최초에 아무리 랜덤으로 추출을 한다고 해도 그 결과에 편향이 없다고 할 수 없다. 그보다는 그러한 편향을 어떻게 보정할 것인가가 중요하다. 그렇다면 처음의 그룹화에 주의하고 (균일화의 원리!), 샘플은 그 속에서 목적을 확실하게 정하고 숫자도 가능한 한 적게 취하는 편이 오히려 현명한 방법이 된다.

| 샘플의 질

사실 이러한 방법은 우리들이 평소에 경험적으로 행하고 있는 것이다. 세일즈맨이 단골 거래처를 돌아다닐 때 듣는 정보는 중요하지만, 세일즈맨이 보고서를 작성할 때 거래처의 의견을 있는 그대로 쓰는 경우는 거의 없

을 것이다. 즉 그곳의 주인이 늘 말이 많고 불평을 한다면 에누리해서 쓸 것이며, 평상시에는 늘 좋은 말만 하는 주인이 가끔씩 불만을 얘기한다면 약간 과장해서 보고할 것이다.

따라서 우수한 세일즈맨은 과거의 경험이나 직감에 의해 상대의 이야기를 능숙하게 에누리하거나 또는 첨가해서 진의를 파악할 수 있는 인물이라고 할 수 있다.

이처럼 목적을 정해서 정보를 얻는 방법은 그 샘플의 질이 문제가 되기 때문에 단지 편리하다고 해서 대충 정하는 것은 피해야 한다. 조사의 비밀을 유지하고 싶을 때나 랜덤 샘플로는 정확한 결과를 얻기 힘든 경우, 또는 조금 더 적극적으로는 특수한 루트를 통해 정보를 획득할 수 있는 경우 등에 사용해야 한다. 또한 예리한 직감을 지닌 사람이나 식견이 넓은 사람 등을 몇 명 찾아서 자사의 지지자로 삼아 그 사람에게 상담하는 것도 한 가지 방법에 해당될 것이다.

그러나 어떤 경우에 있어서건 그 샘플들의 편향을 따로 파악해두어야 한다. 앞에서 예를 들었던 소매점 패널의 유의 샘플(공략한 샘플)* 같은 경우에는 다른 방법으로 조사한 각사의 전체 판매량이나 또는 일 년에 한 번이나 두 번 정도의 대대적인 조사를 통한 데이터에 의해 보정 계수*

유의 샘플
조사 대상 패널로 선정되어 조사가 이루어지고 데이터를 분석에 사용한 조사 대상자. 옮긴이

보정 계수
소매점 조사를 예로 들면, 조사 대상 소매점의 판매 동향이 전체 판매 동향과 다른 점이 얼마나 있는지 파악해 보정할 수 있도록 만들어진 보정 기준과 수식. 예를 들어 함께 판매하는 품목의 특성 때문에 여름보다 겨울에 판매량이 많은 소매점이 있다면 여름에는 1.2배, 겨울에는 0.8배를 곱해서 보정할 필요가 있음. 이 경우 보정에 사용되는 여름 1.2, 겨울 0.8이 보정 계수가 됨. 옮긴이

를 구해두면 된다.

이런 식의 표본조사는 일반적으로 잘만 활용하면 정보의 효과, 경제성 면에서 랜덤 추출보다 우월하다고 할 수 있다.

랜덤 추출 방법은 사실 각각의 상품 또는 상점 등에 대해 전혀 아무것도 알지 못할 경우에도 사용할 수 있는 최후의 수단이며, 누구라도 똑같이 사용할 수 있다. 그렇다고 해서 그것에만 의존하면 필요 이상의 노력과 경비가 소모되게 된다.

경품 엽서도
훌륭한 조사 자료

| 경품 마니아를 통해
| 알 수 있는 것

최근 매스컴의 발달로 인해 새로운 모집단이 발견되었다. 일명 '경품 마니아'라고 불리는 그들은 여러 가지 조사에 의외로 유용한 자료를 제공해준다.

한 화장품 회사가 텔레비전에 방송을 내면서 모처럼 많은 돈을 들이는 것이니까, 무언가 조사해보는 것은 어떨까 하고 물었다. 그래서 내가 제안한 것은 퀴즈였다. 프로그램의 마지막에 퀴즈를 내는 것이다. 퀴즈의 내용은 그 방송을 처음부터 보았다면 간단하게 대답할 수 있는 것으로 한다. 그리고 경품은 싼 것이라도 좋으니 조금 독특한 것을 선정하기로 했다.

첫 회가 끝나자 예상대로 엽서가 산을 이루었다. 처음이기 때문에 경품 마니아가 어느 정도 있는지를 알고 싶었다. 그래서 보내온 엽서에 번호를 붙여 컴퓨터에 입력해서 간단하게 분류할 수 있도록 하고 두 번, 세 번 온 것은 전부 뽑아두었다. 그러자 의외로 마니아 수는 적어서 기껏해야 전체의 20퍼센트 이하라는 것을 알게 되었다.

같은 방식으로 신문의 광고 효과도 조사해보았다. 즉 신문 광고 구석에 '오늘밤 ○○시부터 ○○ 방송을 보아주십시오'라는 문구를 넣은 것이다. 그리고 퀴즈의 회답 수 변화를 조사해보면 어느 정도 상대적 효과가 있었는지를 간단하게 알 수 있는 것이다. 또한 야구 중계방송 등으로 인해 방송 시간이 지연됐을 때나 출연자의 사정에 의해 배우가 바뀔 때의 변화도 정말이지 간단하게 알 수 있다.

보간법

조사되지 않은 시기, 지점의 데이터를 추정하기 위해 동일한 간격인 경우 동일한 비율로 값을 조정하는 방법. 예를 들어 1월, 3월, 5월과 같이 홀수 달에 조사를 실시한 경우 2월 같은 짝수 달의 값은 1월과 3월의 중간 값으로 계산하는 방식. 거리의 경우도 마찬가지로 조사된 두 소매점의 중간에 위치하는 소매점은 두 소매점의 값의 중간, 한쪽이 3, 다른 쪽이 7의 거리 차이가 있는 경우 가까운 쪽 소매점의 값에 0.7을 곱하고 먼 쪽의 값에 0.3을 곱해 해당 소매점의 값으로 계산할 수 있음. _옮긴이_

이 조사의 경비는 아주 약간의 경품 비용뿐으로, TV의 전파료로 보면 완전히 공짜나 다름없다. 처음에 그 조사에 그다지 호의적이지 않았던 홍보부에서도 큰 반향에 놀라며 경품 비용까지 제공하겠다고 해서 조사 비용은 제로가 되었다.

만약 이것을 전화 조사 등으로 했다면 상당히 수고스러웠을 것이다. 시청률의 절대치는 이전까지 행해지던 조사의 숫자를 보정 계수로 사용했으며, 다른 기간은 보간법補間法*을 사용하면 상당히 정확한 수치를 얻을 수 있다.

이 방법은 경품 마니아가 있다고는 해도 전체 시청자 가운데에서의 점유율은 그다지 변하지 않기 때문에 엽서의 수만 조사해두면 적어도 상대적인 변동은 알 수 있게 된다. 즉 일종의 유의 추출이다. 그래서 때때로 그 편향을 수정하지 않으면 안 된다. 그것은 이쪽에서 조사하지 않더라도 민간방송연합회 등에서 해주기 때문에 그것을 잘 이용하면 되는 것이다.

그런데 이 엽서 조사는 가장 교묘한 것이다. 엽서가 도착하면 매주 그 가운데에서 약 500장을 랜덤 또는 유의 추출해서 바로 설문지를 만든다. 거기에는 당사가 가장 알고 싶은 것, 예를 들면 어느 회사의 제품을 사용하고 있는가, 최근에 영화를 보러 갔었는가 등 그때그때 10항목의 설문지를 만드는 것이다. 이 설문지의 회수율은 상당히 좋아 대체로 90퍼센트가 되돌아온다. 이유는 모두 퀴즈를 풀고 싶어 하는 사람들이기 때문에 그 설문지에 회답을 하지 않으면 당첨되지 않는다고 생각하기 때문이다. 엽서 비용이 다소 들긴 하지만 회수율로 보면 가장 값싼 설문지이다.

면접 조사보다 싸고 효과적인 우편 조사

500장을 발송해서 300장만 회수되면 우리 목적에는 충분한 정확도를 얻을 수 있다.

우편 조사라고 하면 수천 장을 뿌려대는 사람이 있는데 그것만큼

아까운 일도 없을 것이다. 같은 질문 항목의 것은 300장만 회수되면 충분하며, 그만큼의 돈이 있다면 다른 내용의 것을 발송해서 한 항목에 대해 대체로 300장 정도씩 회수할 수 있도록 하는 게 더 효과적이다. 그렇게 하면 같은 노력으로 훨씬 많은 정보를 얻을 수 있을 것이다. 이 300장이라는 숫자를 기억해두기 바란다.

이러한 방법으로는 회답에 상당한 편향이 있을 것이라고 생각할지 모르지만, 서투른 면접 조사보다 훨씬 좋다는 것이 증명되고 있다. 최근 미국에서도 면접 조사는 점차로 줄어들고 우편 조사가 많아졌다고 하는데 당연한 일이다.

그러한 엽서족(마니아라고 한정할 수 없다)은 조금 더 능란하게 이용할 수 있다. 신문 광고의 효과 조사에 활용하는 것이다. 이전에 한 회사에서 신제품을 발표함에 있어 각 신문의 주요 면에 똑같은 광고를 내고, 카탈로그를 원하는 사람은 신문의 이름을 기입한 후 청구해달라는 글을 넣어보았다.

그러자 열흘도 되지 않아 상당한 분량의 엽서가 왔는데, 그것은 광고 효과 조사를 위한 것처럼 보이지만 사실은 그렇지 않다. 다음 작업은 회수된 엽서의 수로 그 신문의 광고료를 나누는 것이다. 그러면 한 통의 엽서에 대해 얼마의 비용이 들었는지 알 수 있다. 그 수치를 신문마다 계산한 결과, 놀라운 사실이 밝혀졌다. 마침 신문 광고료가 인상되었던 직후이긴 했지만, 그 가운데 두 곳의 지방 신문만이 광고료에 비해 엽서의 수가 적어서 다른 신문에 비해 대체적으로 한 장당 3배의 광고료가 들었던 것이다.

그래서 곧바로 그 두 신문사에 데이터를 보여주고 '당사의 화장품 광고 효과에 비해 광고료가 지나치게 비싸기 때문에 광고를 중지하겠다'고 하고, 한 달 정도 중지했다. 그러자 이전에 광고료를 인상할 때에는 상당히 단호했던 지방 신문의 광고부장도 결국 꼬리를 내리고 놀라울 정도의 인하 가격을 제시했던 것이다.

이 경우 잘 생각해보면, 엽서족이라는 편향이 강한 집단으로는 정확한 정보를 얻을 수 없는 것이 아닐까라고 생각할 수도 있다. 그러나 우리의 목적은 인상된 신문 광고료를 인하시키는 것이었으며, 데이터를 제시함으로써 간단하게 가격을 깎는 데 성공한 것이다.

만약 그 신문사에 조사 전문가가 있다거나 또는 제대로 된 데이터가 있었다면 그렇게 할 수 없었을 것이다. 그것은 일종의 게임이었다. 그 이후에 당했다는 생각이 들어서인지, 그 신문사에서 본격적으로 그 방면의 연구를 시작했다는 후문이다.

높은 정확도를 위한
조사 대상 분류의 세 가지 요인

| 통계 모델 만들기

어떠한 요인을 기준으로 조사 대상을 분류해서 조사할지의 문제는 조사 목적만 결정되면 간단하게 해결할 수 있다고 생각하기 쉽다. 하지만 사정은 그렇게 간단하지 않다. 그 가운데에는 앞에서도 서술했듯이 그 자체는 조사를 위한 것은 아니지만 추출오차*를 적게 하기 위해, 즉 균일화를 위한 그룹화를 목적으로 채택된 요인도 있기 때문이다.

게다가 대부분의 조사에서는 조사 결과가 나왔을 때 방책을 강구하는 것이 직접적인 목표이기

추출오차

조사 대상을 잘못 추출해서 발생하는 오차. 표본추출과 관련한 다른 종류의 오차는 표본오차가 있으며 이는 모집단의 수 대비 추출한 표본의 수에서 발생함. 더 많은 대상을 조사하면 줄일 수 있으나 비용이 증가하기 때문에 적절한 규모의 대상자를 추출하기 위해 비용과 함께 고려해야 함. 여론조사 결과 표본오차가 ±3%라는 것이 사례. 옮긴이

때문에, 방책을 강구하는 데에 가장 적합한 요인을 채택하지 않으면 안 된다.

여러 가지로 구별되는 모집단이라는 하나의 통계적 모델이 우리들의 방책에 대해 어떤 반응을 보일 것인가를 조사하는 것이기 때문에, 그 모델을 어떻게 형성하는가가 문제가 되는 것이다. 그것은 또한 데이터가 수집된 후의 갖가지 통계적 처리를 위해서도 중요하다. 왜냐하면 통계 계산은 그 모델에 대해 몇 가지 통계적인 가정을 대입해서 행하는 것인데, 현실이 모델과 완전히 다르면 결론은 전혀 엉뚱하게 나오기 때문이다.

그런데 시장에 대한 조사 또는 실험에 있어서 채택되는 요인을 크게 분류해보면 다음과 같다.

① 우리 손으로 통제할 목적으로 가장 좋은 조건을 찾기 위한 요인—제어 인자*

이것은 특히 행동의 선택 또는 판단의 문제를 해결하기 위해 행해지는 조사에 있어서는 제일 중요한 것이다. 예를 들어 상품의 가격을 책정할 경우, 제출된 몇 가지 안, 디자인이나 광고의 양식, 거래 방법의 제안 등이 모두 해당된다. 그리고 그것은 결과를 얻게 되면 곧바로 구체적인 행동으로 옮기는 것이 목적이기 때문에 실행과 재현이

제어 인자
조사에 필요한 것이 무엇이고, 불필요하거나 조사 결과에 영향을 줄 수 있는 다른 요인이 무엇인지 파악한 후 필요한 것들에 대해 그룹을 나누는 등 조사에 적용할 수 있도록 정리하고, 불필요한 것들을 제거하는 것. 이 경우 그룹을 나누는 등 정리가 필요한 인자와 제거되는 인자가 모두 제어 인자. 옮긴이

가능해야 한다.

여기서 흔히 범하기 쉬운 실수는, 그러한 종류의 조건 중에 전혀 실행 불가능한 것이나, 답을 얻어도 경제적이지 못하거나 재탕이라는 등의 이유로 어차피 실행할 수 없는 것을 '한 번 해보면 어떨까' 하는 호기심에서 조건으로 채택하는 경우이다. 이는 적어도 판단을 위한 조사로서는 의미가 없을 뿐만 아니라, 불필요한 인자를 한 가지 추가함으로써 실험이나 조사의 규모가 커지게 되고 수고나 경비도 그만큼 불어나게 되기 때문에 절대로 삼가야 한다.

어디에도 쓸모가 없어 보이는 것을 '하는 김에'라며 설문용지에 넣는 경우가 흔히 있는데, 조사의 목적을 감추기 위해 하는 랜덤 방식이 아니라면 불필요한 것은 넣지 않는 것이 좋다. 그 정도로 비용과 시간이 남는다면 고객을 찾아가 하나라도 더 파는 편이 회사를 위해서는 훨씬 좋다.

② 모집단의 균일화를 위한 그룹화의 요인—그룹화 인자
이것은 소비자의 연령이나 수입, 성별 등과 같이 마음대로 통제할 수 없지만, 비슷한 성격의 것을 하나로 묶음으로써 모집단을 균일화하고, 샘플의 추출오차를 적게 하기 위한 것이다.

그룹화는 앞에서도 상세하게 언급했듯이 조사의 결과를 행동으로 연결할 때, 그 유효성을 보증한다는 의미에서 어떠한 조사를 위해서도 필요한 것이다. 경우에 따라서는 단순히 표본을 추출하기 위해 편의상 실시한다고 해도, 일반적으로 유용하다는 것은 앞에서 서술한 대로이다.

③ 억제하는 것도, 조사에 있어서 미리 그룹화하는 것도 불가능하지만 그것을 조사해서 기록해둠으로써 데이터의 분석 정확도를 높이고 추정을 용이하게 하는 요인—표시 인자

그룹화 요인도 넓은 의미에서는 그 가운데 하나이다. 예를 들면 소매점의 주인이 진보적인가 보수적인가 등은 이쪽에서 어찌할 수 없지만, 그 가게에 대한 거래 방법이나 취급 상품의 종류 또는, 명절 사은품의 효과 등과의 상관관계가 예상되기 때문에 그러한 것들을 조사 시에 기록해두는 것이다. 그리고 이후에 그 관계를 찾아내서 그만큼의 편향을 가감하면 여러 가게에 대해 우리가 강구한 방책의 효과를 비교 수정해서 더욱 신뢰도를 높이고 적응성을 높일 수 있게 된다. 또한 조사 시의 날씨, 요일 능 그 결과에 엉항이 있을지도 모른다고 생각되는 것은 기록해두는 것이다.

앞에서 랜덤이 아닌 추출방식 중 편향이 있는 대답을 하는 주인이 있어도 그만큼 에누리해서 들으면 진상을 알 수 있다고 한 것은 사실 이것을 의미하는 것이다.

예를 들어 한 상품을 시험 판매해보았을 때, 특정 가격에 팔렸다고 하자. 그러나 그것은 우연히 그 지역에 있는 대기업에서 특별 보너스가 나왔기 때문이었다면, 그 가격을 그대로 받아들여서 전국에

적용시키려고 할 경우 판단에 편차가 생긴다. 따라서 그러한 경우는 각사의 보너스 금액을 보조 측정치로서 조사해두고 전국 평균과 비교해서 그만큼의 편차를 줄여서 평가하면 된다는 것이다.

적은 비용으로
데이터의 정확도를 높이는 발상

| 사내 투표로
| 상품 디자인 결정하기

투표 방식을 교묘하게 사용한 예를 한 가지 소개하고자 한다.

제품의 디자인을 결정함에 있어서 배색이나 그 외에 여러 가지 이론이 있지만, 개인의 취향이나 시장에 나와 있는 각사 제품과의 균형, 유행 등 여러 가지 요인이 강하게 작용하는 것이 일반적이다. 그래서 어느 회사에서건 그 선택에 무척이나 고심하게 된다.

디자인의 목적은 최종적으로 소비자가 즐겁게 살 수 있도록 하는 것이기 때문에 실험 판매와 같은 형태로 실제로 팔아보는 것이 가장 간단하며 재현성이라는 면에서도 좋다. 그러나 실험 판매는 디자인을 도용당할 우려가 있으며, 또한 상표의 처리 등 현실적으로 여러 가지 문제가 있기 때문에 실험 판매를 해보는 것은 좀처럼 쉽지 않다.

그래서 한 회사에서는 디자인에 대해서 계측이나 기록이 가능한 요인의 편향을 수정하기 위한 보조 자료로써 사용한다는 발상에서 다음과 같은 방법을 채용하고 있다.

이전까지 상품의 디자인은 회사의 영업부나 또는 간부의 의견에 의해 정해졌었다. 영업부나 간부의 경험과 직감은 확실히 보통 사람들에 비해 뛰어난 경우가 많기 때문에 일면 타당성이 있다. 그러나 디자인은 소비자의 취향이나 타사 제품의 디자인과의 균형의 문제가 있는 이상, 경험이나 직감만으로 정할 수 있는 것이 아니다.

그 회사에는 이미 많은 직원들이 있기 때문에 가능한 한 많은 사람들의 지혜를 빌리는 편이 득이 된다. 그래서 회사의 직원들에게 시작품을 보여주고 각각에게 의견을 묻는 기명투표를 실시했다.

이는 언뜻 보면 형식적으로는 일반적인 인기투표와 똑같지만, 수집된 데이터의 처리 방법이 다르다.

처음에는 투표용지가 모여도 집계하지 않고 그냥 보관해두고, 기존과 마찬가지 방법으로 디자인을 선정한다. 그렇게 되면 결정 방법은 예전과 똑같은 것이기 때문에 지장이 없다. 단 새로운 디자인이 나올 때마다 예전과 달리 개인의 의견이라는 정보를 축적해가는 것이다.

이렇게 해서 어느 정도 데이터가 모였을 즈음에는 기획한 상품의 실적이 드러나게 된다. 그래서 개인별로 투표한 내용과 그 결과를 맞춰보면, 지금까지 디자인 결정에 있어서 큰 소리로 자신의 주장을 관철시키거나 억지를 부리던 부장이 의외로 엉터리였다든가, 단순 사무원과 같이 전혀 분야가 다른 사람 가운데 훌륭한 감각을 지닌 인재가 있었음을 알려주는 데이터가 나온다.

여기까지 되면 결정된 것이다. 즉 종래대로 투표를 계속하면서 그것을 근거로 디자인을 결정하면 되는 것이다. 그 경우 본인에게 '자네, 꽤 감각이 있는데' 따위의 것을 알리면 물론 계획이 망가지기 때문에 소수의 관계자 이외에는 절대로 알리지 않는 편이 좋다.

어느 가전제품 회사에서는 대체로 매월 한두 종의 신상품을 개발하고 있는데, 이와 같은 방법으로 투표를 계속해서 정리한 결과, 대체로 3개월만 지나면 거의 완전한 데이터를 얻을 수 있었다. 그리고 그 후 2년 간의 실적을 되돌아보자, 종래의 방법과 비교했을 때 디자인의 실패가 3분의 1로 줄었다는 것이 입증되었다. 그리고 그 회사에서는 지금까지 여러 가지 면에서 실시하고 있던 조사를 거의 중지하고, 투표와 거기에 부가되는 몇 가지 간단한 조사로 바꾸었다. 결과를 보면 안전성이 증가함과 동시에 조사 비용은 문제가 되지 않을 정도로 경제적이 되었다. 이것은 하나의 착상이 중요한 역할을 해냈다는 것을 보여주고 있는데, 독자들도 일상적인 문제에 대해 연구해볼 것을 권한다.

데이터 활용을 위한
혁명적인 수단

마케터가 알아두면
좋을 실험계획법*

실험계획법

조사 대상이 갖고 있는 어떤 특성에 영향을 미치는 원인을 찾고 그 원인이 미치는 영향력을 파악하기 위해 실시하는 실험의 방식을 결정하고, 어떤 정보를 어떻게 얻어낼 것이며, 어떤 방법으로 정보를 분석하면 최소의 실험 횟수로 최대의 정보를 얻을 수 있는지 계획하는 방법. 제품 생산에서 품질에 영향을 주는 요인을 파악해 최적의 생산 조건을 만들기 위한 방법론에서 시작되었음. 옮긴이

앞에서 광고 효과를 조사하기 위해 텔레비전이나 포스터, 신문 등의 몇 가지 방법을 시간차를 두고 여러 가지로 조합해서 행하는 방법을 소개했는데, 그렇게 조합하는 것을 '할당'이라고 한다. 신문이나 포스터 등 어떤 광고 매체를 사용할 것인가에 대해서는, 기존의 방식대로 사용하고 있는 경우에도 몇 년 정도 경험을 쌓으면 어느 것이 유효할지는 저절로 알게 될 것이다. 그러나 거기에는 상당한 세월이 필요하다. 그런데 앞에서 말한 할당표를 조금만 주의해서 사용하면

약 한 달이 지나지 않아 그 유용성의 비교가 가능해질 것이다. 이처럼 빨리 알 수 있는 것은 시간의 대폭적인 절약이며, 기술자의 말을 빌리자면 정보의 효율이 크게 개선되었다는 것이다.

일반적으로 데이터의 정확도는 자료가 많을수록 높아진다는 것은 익히 알고 있을 것이다. 그러나 취급 방법에 따라서 큰 차이가 생긴다는 것은 그다지 알려져 있지 않다. 그리고 그것을 능숙하게 사용하면 아무런 생각 없이 보았을 때와 비교해서 아주 적은 노력과 시간으로 같은 결론을 얻을 수 있다.

이 원리는 극히 중요한 것이기 때문에, 다소 이론조가 되겠지만 가능한 한 알기 쉽도록 도표와 함께 설명해보고자 한다. 만약 이론은 절대로 싫다는 독자가 있다면 이 꼭지는 건너뛰고 읽어도 좋다.

먼저 저울로 물건의 무게를 잴 때를 생각해보자. 저울에는 모두 감도感度 몇 그램이라는 것이 표시되어 있는데, 이는 몇 그램까지 정확하게 측정할 수 있다는 것, 즉 그 저울로 측정했을 때의 오차의 정도이다. 그리고 A, B 두 개의 중량을 측정하고자 할 경우, 먼저 〈도표 1〉의 왼쪽처럼 접시 위에 A를 올려놓고 무게를 측정했다. 그러자 65그램이라는 수치가 나왔다고 하자. 그러나 한 번만으로는 아직 정확도가 부족하다고 생각해서 다시 한 번 측정해보았다. 그러나 두 번째에도 같은 수치가 나온다고 단정할 수 없으므로, 이번에는 63그램이 나왔다고 하자.

그러면 A의 중량의 측정치는 첫 번째와 두 번째의 평균을 취하는

〈도표 1〉

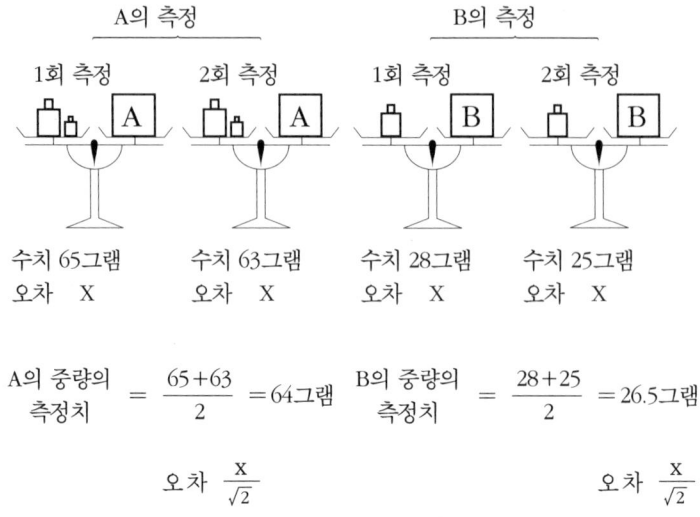

것이 보다 진실치에 가깝기 때문에 두 개의 측정치를 더해서 2로 나눠 64그램이라는 수치를 얻는다. 이렇게 해서 얻은 수치의 오차를 생각해보면, 첫 번째와 두 번째 각각의 측정치인 65그램, 63그램의 오차를 X라고 하면, 두 번의 측정치의 평균인 64는 저울의 오차의 2분의 1이 되어 2배가 좋아진 것이 된다(정확하게는 그 제곱근). 정확도를 보다 좋게 하고 싶을 때는 세 번이고 네 번이고 여러 번 측정해서 전부의 산술평균을 계산하면 그만큼 개선되는 것이다.

이는 남아 있는 B 역시도 마찬가지로, 저울의 감도 X보다 정확도를 2배 좋게 하고 싶을 때에는 두 번을 측정해서 평균을 내면 된다.

〈도표 2〉

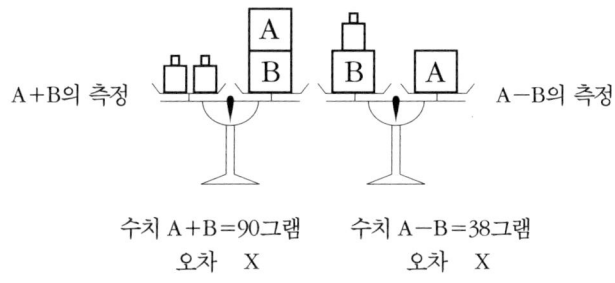

A+B의 측정 　　　　　　　　　　　　　 A−B의 측정

수치 A+B=90그램　　　수치 A−B=38그램
　오차　　X　　　　　　　　오차　　X

A의 중량의 측정치 $= \dfrac{(A+B)+(A-B)}{2} = \dfrac{90+38}{2} = 64$그램

$$\text{오차}\quad \dfrac{X}{\sqrt{2}}$$

B의 중량의 측정치 $= \dfrac{(A+B)-(A-B)}{2} = \dfrac{90-38}{2} = 26$그램

$$\text{오차}\quad \dfrac{X}{\sqrt{2}}$$

　그런데 물건이 A, B 두 개가 있을 때는 〈도표 2〉와 같은 측정 방법도 있다. 먼저 A와 B를 같은 접시에 올려 A+B의 중량을 측정한다. 다음에는 B만 반대의 저울에 놓고 A와 B의 차이, 즉 A−B를 측정한다. 이 두 가지의 데이터가 나오면 도표 아래에 있는 수식처럼, 양쪽의 데이터의 합계를 내서 2로 나누면 A의 측정치 64그램, 양쪽 데이터의 차이를 2로 나누면 B의 측정치 26그램이라는 수치

가 나온다. 여기서 이 두 가지의 측정치의 오차를 계산해보면 A도 B도 모두, 오차 X를 더하거나 빼서 나온 수치이기 때문에 그 평균 은 2분의 1이 된다. 이 오차는 〈도표 1〉의 측정의 오차와 비교하면 A에 대해서 두 번, B에 대해서 두 번 측정해서 얻은 것과 똑같게 된다.

즉 〈도표 2〉처럼 A, B를 조합해서 두 번 측정했을 때의 결과는 〈도표 1〉처럼 일반적인 방법일 경우 네 번을 측정했을 때의 결과와 똑같게 된다.

이것은 큰 의미가 있다. 같은 결론임에도 조사 방법에 따라서는, 한쪽은 2번으로 끝나지만 다른 한편에서는 4번, 즉 두 배의 절차가 필요해지는 것이며, 효율 면에서 딱 두 배의 차이가 난다. 따라서 조합해서 하는 경우 10만 엔이 필요한 조사를 종래의 단순한 방법 으로 하면 20만 엔이 필요하게 되며, 시간적으로도 1개월이면 될 것을 2개월이나 소요하게 된다. 이처럼 조사 방법의 차이는 여러 가지 면에서 커다란 차이를 발생시킨다.

그러나 여기서 제시한 예는 가장 간단한 방식이다. 조금만 생각 을 하면 조사의 효율을 5배에서 10배까지 개선하는 것도 문제없다. 10배의 차이가 생긴다는 것은 10개월이 걸릴 일을 1개월에 끝내는 것이기 때문에, 제트기와 자전거 이상의 차이이다.

사실 이 경우, 조합 방법에 대한 연구는 실험계획법의 분야에서 충분하게 연구되어 있기 때문에 누구라도 공식을 이용할 수 있도록 제공되고 있다. 따라서 우리는 그대로 기계적으로 대입만 하면 되는 것이다. 그러한 조합표를 '할당표'라고 한다.

앞에서 광고 효과 조사의 예에서 제기했던 방법도 사실은 '할당표'의 응용이며, 그 원리는 특별히 어려운 것이 아니다.

지금까지 시장조사에서 사용되었던 표본추출법은 착오 없는 판단이라는 의미에서 상당히 유용했지만, 실험계획법에서 가져온 이 방법은 효율을 비약적으로 개선시켰다는 의미에서 혁명적인 것이다. 앞서 언급했던 코끼리의 이야기에서, 어떤 식으로 손을 뻗어 코끼리를 만지면 가장 효율적인지를 가르쳐주는 것이 바로 이 이론인 것이다.

모든 진보는 사실의 배후에 있는 진실을 파악하는 데에서 시작된다. 그리고 진보의 정도는 그 정보를 얻기 위해 사용된 시간에 의해 좌우되는 것이다. 거기에는 정보를 얻기 위한 수단의 진보에 필요한 시간과, 그 수단에 의해 사실로부터 정보를 얻기 위한 시간이 관계된다.

과학의 진보는 측정 기술의 진보에 의해 초래되었다는 것도 그러한 사정을 이야기하고 있는 것이다.

이처럼 '할당'이라는 기술의 발견에 의해 데이터를 수집하기 위한 시간의 문제는 비약적으로 개선되었다. 사실 이러한 방법에 의해 진보가 현저하게 촉진된 실례는, 특히 기술 분야에서 손쉽게 찾아볼 수 있다. 그러나 판매 분야에서는 별로 사용되고 있지 않다.

이 기술은 뒤에서 제기하는 실례를 통해 알 수 있듯이 놀라울 만한 효과를 기대할 수 있다. 단, 그 기술을 제대로 사용하기 위해서는 실험계획법에 대한 어느 정도의 지식이 필요하다. 이 책에서 그 분야까지 다루는 것은 너무 전문적인 내용으로 치우치게 되기 때문에 생략하겠지만, 그러한 방법이 있다는 것만은 반드시 기억해 두기 바란다.

영화 티켓을 통한 재미있는 실험

카메라 업계의 경쟁은 최근 수년 간 무서울 정도로 치열해졌으며, 그 사례는 곳곳에서 볼 수 있다.

예전에 한 카메라 액세서리 회사로부터 판매에 대한 상담을 받은 적이 있었다. 그 회사는 종업원이 약 350명 정도의, 흔히 말하는 중소기업에 속하는 회사였으며, 제품 가격은 공장가로 약 5천 엔이었기 때문에 소비자 가격은 다소 높은 제품이다. 따라서 소비자가 구입을 결정할 때는 여러 가지 비교 연구를 하게 되는 제품이다. 그런데 일류 메이커에서 생산되는 같은 제품은 공장 가격이 5천 엔에서 만 엔 정도로 큰 차이가 없다. 게다가 상담을 의뢰한 회사는 발매가 조금 늦었기 때문에 일단 생산 계획을 세워보기는 했지만, 문제는 도매상이 상대를 해주지 않는 것이다.

이처럼 후발 주자로 뛰어들게 되었을 경우에는 다른 회사, 그중에서도 특히 다른 선발 주자의 방식을 철저하게 조사하는 것이 정석이다. 거기에는 탐문 외에 여러 가지 방법이 있지만, 상대는 제한된 수의 도매상인데다가 안 그래도 과잉 상품이기 때문에 쉽게 거절당하는 형편이라 탐문 조사를 할 수 있는 상황이 아니었다.

그런데 우리의 최종적인 목표가 조사가 아니라 판매라는 것은 당연하다. 그러기 위해서는 도매상에게 상품을 알리고, 정보 제공자, 즉 지지자를 만들어서 주문을 뺏어오지 않으면 안 된다. 그리고 지지자를 만들면 탐문 조사도 가능하게 되며, 동시에 판매도 가능해진다.

그런데 한 매장과 친숙한 관계를 맺으려면 특별히 그 매장을 자주 방문하는 데 그쳐서는 안 되고, 매장의 누군가를 자기편으로 만들어야 한다. 따라서 우리의 목적은 사람을 우리 편으로 끌어들이는 것으로 좁혀진다.

그런데 도쿄 근처의 카메라 상가에서는, 최소한 표면적으로는 거래처로부터 선물을 받거나 접대를 받는 것은 주인이 눈을 번뜩이며 감시하기 때문에 쉽지 않다. 따라서 지지자로 끌어들이기 위한 소도구가 너무 거창해서는 안 된다. 그래서 판매를 위해 돌아다니는 세일즈맨들과 여러 가지 의견을 교환하고 상담한 결과, 연극이나 영화 티켓을 건네고 상대의 반응을 보기로 했다. 그 방법을 통해서 간단하게 이쪽 편이 누구인가, 또는 거래의 실권을 쥐고 있는 점원은 누구인가를 조사하고, 어느 정도의 판매가 촉진될까를 파악하고자 한 것이다.

거기에는 어떠한 요인을 채택해서 분류하고, 무엇을 척도로 해서 유효성을 판단할 것인가가 문제가 된다. 만약 실험 조건 속에 교묘한 수단이 들어 있지 않으면 데이터를 수집해도 그것으로 판매 촉진에 성공할 수 있을지는 알 수 없다. 즉 그러한 조사 또는 실험이 가장 좋은 수단을 찾아내준다는 보장이 없기 때문이다.

회사 내의 판매의 명인, 경험자 및 아이디어맨을 모두 모아 상대를 공략하기 위한 가장 좋은 방법을 생각해내도록 했다. 또한 티켓을 건네주었을 때의 반응에 대해 어떤 식으로 그룹화하면 불규칙성이 가장 감소할지를 검토하고 그 가운데 가능한 것을 요인으로서 채택해서, 할당이 불가능한 것은 보조 측정으로서 기록해두기로 했다. 그렇게 해서 완성된 계획은 다음과 같다.

먼저 통제가 가능한 요인으로는 티켓의 종류가 있다. 상대의 취미나 공연 중인 연극, 상영작 등을 고려해야 하지만, 매장에서 건네는 경우를 생각해서, 비교적 가벼운 것으로 가부키, NHK 교향악단, 로드쇼가 진행 중인 영화 가운데에서 세 가지를 선택하기로 했다.

또 한 가지 통제할 수 있는 것은 티켓의 매수이다. 과거에는 어떻게 했는지를 묻자 한 장을 줄 때도 있고 두 장을 줄 때도 있어서 정해진 것은 없다고 한다. 그러나 한 장과 두 장은 경비가 두 배나 달라지기 때문에 만약 효과의 차이가 없다면 한 장만 건네는 것이 경제적이다. 이것은 비교해보는 것이 좋다. 그리고 또 하나의 요인은 요일인데, 이것은 종래의 경험을 토대로 토요일과 일요일을 비교하기로 했다.

다음은 그룹화의 요인이다. 티켓을 건넬 상대의 지위, 즉 지배인인지 배달원인지에 따라 반응은 다를 것이며, 또한 결과를 얻었을 때에 유효한 인물만으로 좁히는 것이 효율적이다. 따라서 상대의 지위는 중요한 그룹화의 요인이다.

또한 매장의 방침도 문제이다. 뇌물이나 선물에 대해서 까다로운 가게와 그렇지 않은 가게는 공격 방법이 전혀 달라지기 때문에 역시 그룹화의 인자로 선택하지 않으면, 반응을 조사할 때 커다란 오차의 원인이 될 우려가 있다.

기계외 거래량도 그룹화 인자로서 채택해보았다. 이는 사진용품 가게는 그 스케일의 크고 작음에 따라 공격해야 할 점원의 층이 달라지며, 반응도 다르기 때문이다.

이렇게 해서 정해진 요인의 종류와 실험 조건은 다음과 같다.

● 제어 요인

a. 상대의 지위 - 지배인, 구입계, 직판계, 배달계

b. 티켓의 종류 - 가부키, NHK 교향악단, 로드쇼 영화

c. 티켓의 매수 - 1장, 2장

d. 입장권의 요일 - 토요일, 일요일

● 그룹화 요인

e. 가게 주인의 방침 - 엄격, 완만

f. 가게의 거래량 - 월간 A엔 이상, A엔 이하

이상의 요인을 할당하면 다음과 같은 표가 만들어진다.

조합번호 요인	1	2	3	4	5	6	7	8	9	10	11	12	13	14	15	16
직무	지배	지배	지배	지배	구매	구매	구매	구매	직판	직판	직판	직판	배달	배달	배달	배달
요일	토	토	일	일	일	일	토	토	토	토	토	일	일	일	토	토
매수	1	2	2	1	2	1	1	2	2	1	1	2	1	2	2	1
가게 방침	엄격	엄격	완만	완만	엄격	엄격	완만	완만	엄격	엄격	완만	완만	엄격	엄격	완만	완만
거래량	多	少	多	少	多	少	多	少	多	少	多	少	多	少	多	少

이 표를 보는 방법은 다음과 같다. 표에는 조합번호가 1~16까지 있는데, 이는 요인의 조합을 16종류로 만든다는 것을 의미한다. 예를 들어 번호 1의 조합은 가게의 방침이 엄격하고 거래량이 많은 가게의 지배인에게 토요일의 티켓을 1장 건넨다는 것이다. 티켓의 종류는 포함되어 있지 않지만, 그것은 이 16종류의 조합을 16명마다 3종류로, 각 조합에 각각 가부키, NHK 교향악단, 로드쇼의 티켓을 주어 합계 16의 세 배, 즉 48명에 대해 실험을 하는 계획이다.

이렇게 해서 48명에게 실험을 하면 지금 제기한 요인 가운데 어떤 것이 효과가 있으며 어떤 것이 효과가 없는지, 또한 가장 적합한 조건은 어느 것인지를 간단하게 알 수 있게 된다. 그리고 대상의 선정은 상대의 리스트에서 각각의 조건에 적당한 사람들을 뽑아내고 랜덤으로 추출한다. 그 가운데 지배인이 12명 필요하지만, 모든 가게를 모아도 지배인이라는 직위를 가진 사람은 적고, 게다가 공략 가능한 사람은 더욱 제한될 것이기 때문에 이쪽에서 적당하게 선정했다. 앞에서도 언급했듯이 전체를 조망할 수 있을 때에는 이러한 방법이 랜덤의 경우보다 오차를 적게 할 수 있음을 실제적으로도 증명할 수 있다.

티켓의 전달 방법은 우편이나 직접 전달 등 예비 실험을 해서 여러 가지를 확인해본 결과, 선전용 전단지라도 건네는 듯 자연스럽게 전하는 것이 가장 좋다는 것이 확인되었기 때문에 대부분 그 방식을 채택했다.

그런데 이렇게 해서 48명에게 티켓을 건넨 효과를 어떻게 측정할 것인가가 문제이다.

우리의 목적은 물론 판매에 있지만, 티켓 정도로 곧바로 효과가 있을지는 알 수 없다. 그래서 세일즈맨에게 어떤 것이든 효과가 있었다고 느껴지는 것이 있다면 전부 기록하도록 지시했다.

그러자 가장 먼저 나타난 효과로는 매장 내 체재 시간이 늘어난 것이었다. 이전까지는 의자를 권하지도 않았는데 앉으라고 권유해

주었으며, 상담 시간도 10분을 넘지 않았던 것이 20분이나 그 이상의 시간을 할애해주었던 것이다. 그중에는 새로운 영화가 나오면 먼저 그 얘기를 화제에 올리는 등, '찍으면 넘어갈' 듯한 사람들도 나왔다. 이에 대한 자세한 이야기는 생략하겠지만, 가장 효과가 빨랐던 것은 한 가게의 구매부로, 정말로 그대로 적중해서 그달의 20일에 계약이 끝나자, 다음 날 한 달치의 주문을 하는 타산적인 사람도 있었다.

이 실험은 처음에는 두 달을 예정했는데, 두 달째에 충분한 데이터를 얻을 수 있었기 때문에 중지하고 곧바로 행동으로 옮겼다. 결론은, 단속이 까다로운 가게에서는 직위가 낮은 사람에게 티켓을 주는 것이 특히 효과적이었다는 것, 또한 티켓의 종류는 영화가 압도적으로 좋았으며 매수는 1장이든 2장이든 큰 차이가 없었다. 따라서 이후에는 1장으로 하기로 했다. 요일은 토요일 저녁이 가장 좋았으며 동시에 어느 가게에서는 누구를 공략하면 가장 효과적인가도 판명되었던 것은 물론이다.

이만큼의 데이터를 파악하는 데에 든 비용은 한 달에 한 번씩 두 번, 합계 약 60만 엔이다. 그러나 그 경비는 이전에도 어차피 판매 촉진용으로서 티켓이나 찻값으로 사용되고 있었기 때문에 조사 비용이 아니라 판매 경비로 봐도 좋은 것이다. 그리고 그 이후에 정세가 변하기 전에, 즉 그 데이터의 재현성이 나빠지기 전에 4개월간 맹렬한 판매 촉진을 계획해서 실행했는데, 겨우 두 달째에 판매

량이 급격하게 증가했으며 네 달째에는 공장이 2교대로 생산할 정
도로 성황을 이루게 되었다.

이 경우 데이터를 통해 얻을 수 있었던 결론을 단순한 경험에
만 의존해서 얻으려 했다면 상당한 시간과 판매 경비가 들었을
것이다.

7

시장조사는
목표의 설정에서 시작된다

판매에 대한 조사를 해보면 지금까지 판매와 관련해서
사용되었던 말들의 내용이 사실은 모호했다는 것을 느
낄 것이다. 과학은 먼저 공통의 언어를 갖는 것부터 시
작한다. 그래야 결론의 객관성을 가질 수 있기 때문이
다. 그런데 한 가지 주의해야 할 것이 있다. 판매를 위
한 조사의 목적은 어디까지나 판매 자체를 위한 것이
며, 알기 위한 조사가 아니라는 점이다. 즉 왜 팔리는가
가 아니라 어떻게 하면 팔리는가이다. 따라서 여기서
선택하는 척도도, 그 판정을 할 수 있는 것을 중심으로
생각해야 한다.

목표에 대한
공통의 척도를 갖는다

| 판매의 과학은
| 공통의 언어에서부터

공장이나 연구실에서 행해지는 실험이나 조사에서는 조사의 대상이 처음부터 확실한 경우가 많다. 길이, 중량, 순도, 불량품, 비용 등 척도의 선택에 대해서 특별히 머리를 맞대고 상담할 필요가 없는 것이 보통이다.

그러나 판매의 분야에서는 같은 목적이라고 해도 그것을 계획하는 사람에 따라, 또는 그때의 상황에 따라 전혀 다른 척도를 잘 생각해서 만들지 않으면 안 되는 것이 오히려 보통이다.

예를 들어 광고의 효과가 어느 정도였는지를 조사한다는 명제가 주어졌다고 하자. 이 경우 구입한 소비자에게 설문조사를 하면 알 수 있다고 생각하는 사람도 있을 것이며, 심리 측정을 해보지 않으면 알 수 없다고 주장하는 사람도 있다. 판매를 위한 것이기 때문에 여하튼 매상이 증가했는지 아닌지가 문제이며, 그 수치를 정밀하게 분석해보면 알 수 있다고 하는 사람도 있을 것이다.

그러한 의견들은 각각 근거가 있다고 해도, 구체적으로 어떤 특정한 광고에 대해서 어떤 방법으로 조사할 것인가가 문제이다. 광고의 최종 목적은 물론 광고를 하지 않았을 때보다 판매를 확대하고 안정된 수요를 확보하는 것이 일반적이다. 그러나 소비자가 광고를 보고 실제로 그것을 구매하는 행동으로 완결되는 데에는 광고 이외의 많은 요소가 뒤얽혀 있기 때문에, 매상이 증가했다고 해도 그 속에서 광고의 효과만을 순수하게 추출해내는 것은 그렇게 간단하지 않다. 그래서 다른 측정 수단은 없을까 하고 모두 고민하게 된다.

그러한 경우 다람쥐 쳇바퀴 돌 듯하는 논쟁에 종지부를 찍는 방법이 있다. 그것은 그 광고가 노리는 것은 무엇인가, 무엇을 위해 광고의 효과를 조사하는가 하는 목적의 연구를 철저하게 하는 것이다. 만약 광고를 하는 이유가 매상을 높이는 것이라면, 매상의 변화를 조사해보면 된다. 시장점유율을 높이기 위한 것이라면 광고를 하기 전과 후의 점유율을 비교해보는 것이 가장 직접적이다. 기업 이미지를 위한 것이라면 이미지 조사를 하면 된다. 이렇게 이야기하면 "아니, 광고는 그렇게 간단하지 않다. 단 하나의 목적만을 위해 광고를 하는 경우는 거의 없다. 매상도 높이고 이미지도 바꾸고 싶은 경우도 있다"고 할 것이다. 그렇다면 양쪽을 모두 조사해보면 된다.

한 가지 이상한 것은 광고 담당자에게 이런 이야기를 하고 그 광고의 목적을 물으면 명쾌한 답이 나오지 않는 것이다. 목적이 확실하지 않은 광고에 대해서 그 효과가 어떻다는 것을 이야기하는 것 자체가 무의미하다는 것은 확실하다.

그 목적은 말할 필요도 없이 추상적인 것이 아닌 구체적인 것이어야 한다. 만약 추상적인 답밖에 얻을 수 없는 경우는 보다 구체적인 것이 될 때까지 논의해야 한다.

조금 전, 기업 이미지가 목적이라면 이미지 조사를 하면 된다고 했는데, 사실 기업 이미지라는 말 자체가 상당히 모호하다. 즉 이미지란 무엇인가에 대한 검토가 필요하다. 예를 들면 기술력이 있다는 이미지는 어떻게 하면 알 수 있는 것인가? 하고 물어본다. 만약 여론의 화제가 됨으로써 알 수 있다고 답한다면, 여론의 화제가 되었는지를 조사해보면 된다.

기술력에도 좋고 나쁜 이미지가 존재한다. 그렇다면 구체적으로 어떤 경우에 기술력이 있다고 느끼는지를 끝까지 꼬치꼬치 물어야 한다. 그렇게 되면 의외로 좋은 조사 방법이 있다는 것을 발견하게 된다.

그런데 앞의 사실로부터도 알 수 있듯이 판매에 대한 조사를 해보면 지금까지 판매와 관련해서 사용되었던 말들의 내용이 사실은 모호했다는 것을 느낄 것이다. 과학은 먼저 공통의 언어를 갖는 것부터 시작한다. 그래야 결론의 객관성을 가질 수 있기 때문이다.

척도에 있어서도 사정은 똑같다. 공통의 언어를 정의하는 과정에서 사실은 측정을 위한 방법이나 척도도 생겨나는 것이다.

그런데 한 가지 주의해야 할 것이 있다. 판매를 위한 조사의 목적은 어디까지나 판매 자체를 위한 것이며, 알기 위한 조사가 아니라는 점이다. 즉 왜 팔리는가가 아니라 어떻게 하면 팔리는가이다. 따라서 여기서 선택하는 척도도, 그 판정을 할 수 있는 것을 중심으로 생각해야 한다.

앞에서 제시한 전화기의 색깔 선호도 조사에서 소비자는 베이지색을 선호했지만, 실제로는 검정색이 가장 많이 팔렸다는 이야기를 했었다. 그 경우 왜 검정색이 팔렸는지 이유를 알지 못해도 검정색이 가장 잘 팔린다는 것을 타사가 모르는 가운데에 파악했다면 그것으로 성공이다.

흔히 말하듯 인간은 속마음과 겉으로 표현하는 것이 반드시 일치하는 것은 아니다. 다른 사람이 물었을 때, 설문지에 기입할 때, 대화 중에 한 이야기의 내용, 그리고 실제로 행동했던 내용을 비교해 보면, 일치하는 사람은 그다지 없다. 일부러 거짓말을 한 것이 아니다. 그것이 인간이다.

따라서 무엇에 대해서 조사할지는 책상에 앉아서 아무리 논의해도 100퍼센트 확실한 방법은 찾을 수 없다. 거기에는 많은 경험의 축적이 필요한데, 일종의 노하우라고 해야 할 것이 있다. 단, 일반적으로 할 수 있는 말은, 그 데이터가 목적에 대해 얼마만큼의 재현성과 보편성을 보여주고 있는가를 판단할 수 있도록 경험을 쌓아가야 한다.

평가의 기준은
동일하지 않다

**│ 판매 금액 대신 점수로
│ 판매 성적 내기**

좋은 척도를 찾아냈다고 해도 그 척도의 눈금을 어떻게 할 것인가의 문제, 통계학자의 말을 빌리자면 계량화*의 문제가 있다.

우리가 데이터를 수집하는 것은 그것을 근거로 해서 판단을 내리기 위한 것이다. 따라서 척도로서 표시되는 숫자는 시장의 현상을 파악하기 위해, 가장 적합한 눈금이 새겨져 있지 않으면 안 된다.

대부분의 회사가 그렇지만, 예를 들어 영업 활동을 제대로 했는가에 대한 판정은 매출 총액을 기준으로 하는 경우가 많다. 전국에 출장소가 있

계량화

어떤 평가의 대상을 수치로 평가할 수 있도록 환산하는 것. 예로 들고 있는 발전기와 전구의 사례처럼 판매 금액의 차이가 큰 경우 판매 주기, 단가 등 여러 가지 요인을 묶어 100점 만점의 점수로 평가할 수 있도록 하는 작업. 옮긴이

다면, 각 소장의 노력은 판매 목표의 달성 정도로 판정된다. 그러나 그러한 수치로 평가해도 좋을지에 대해서는 여러 가지로 의문이 든다.

오래된 이야기이지만, 일본에서 1, 2위의 규모를 자랑하는 한 강전회사가 전구를 만들어서 발매했을 즈음, 상당히 공을 들였음에도 좀처럼 매출이 늘어나지 않았다. 물건은 결코 나쁘지 않았으며 홍보에도 상당히 힘을 기울였지만 팔리지 않았던 것이다. 분석을 해본 결과 아주 간단한 이유라는 것이 밝혀졌다. 그것은 평가의 문제인 것이다.

그 회사에서는 과거 큰 물건 외에는 판 적이 없었다. 발전기의 경우 한 대를 팔면 갑자기 수십억 엔에서 100억 엔이라는 실적이 나온다. 그리고 그에 대한 판매 노력으로는 기껏해야 경쟁 회사를 염탐하거나, 거래처와 술 한 잔 하는 것이 고작이었다. 그런데 전구로 10억 엔의 매출을 올리는 것은 쉬운 일이 아니다. 까다로운 도매업자나 소매점의 주인에게까지 고개를 숙여 100개, 200개의 주문을 받으면 간신히 월 수백만 엔이다. 게다가 무언가 제안을 하면 '너희 부서는 우리 회사 매출의 몇 퍼센트밖에 못하고 있지 않은가'라며 면박을 준다.

그런 상황에서 팔리는 것이 이상한 것이다. 그것은 특별히 강전회사뿐만이 아니라, 어느 회사에서도 있는 일이다. 각 영업소 입장에서 보면 아무래도 팔기 쉽고 단가가 높은 것을 팔고 싶어 한다.

건전지 등은 그 좋은 예로, 10만 엔의 전기세탁기 1대를 파는 노력과 수고를 비교해보면 건전지 등은 한심해 보인다.

그래서 그 회사에서는 판단의 눈금을 바꾸었던 것이다. 판매 성적은 총금액이 아니라 점수로 매겨진다. 전구 1개를 팔면 10점, 세탁기는 60점과 같은 식으로 그 노력이 적절하게 평가될 수 있도록 점수를 배당해서 그 합계 점수로 판단하는 것이다. 그리고 다음 분기에는 특히 전구가 팔리기를 원한다면 전구의 점수를 높여주면 된다. 특별히 영업 촉진을 하지 않아도, 전구를 팔라고 말하지 않아도 저절로 팔리게 된다.

반대로 광고나 신제품의 발매 효과를 조사할 때도 척도의 눈금을 바꾸면 금액으로는 검출할 수 없었던, 세세한 부분까지 확실한 수치로 파악할 수 있게 된다.

지금 제시한 예는 조사와는 다르지만, 우리가 시장의 여러 가지 현상을 조사하기 위해 수치를 수집할 경우 그 수치로 현상을 완전하게 추상화해서 기술할 수 있는 것이 아니면 안 된다. 예를 들어 여러 가지 조사 데이터를 수집해서 현상을 기술하는 데에 평균치를 취해 단순한 산술평균을 사용하는 경우가 많은데, 그것이 가장 좋다는 객관적인 근거는 없다.

| 목소리 큰 사람 때문에
엉뚱한 결론이 나는 것은
통계에서도 마찬가지

백화점처럼 많은 매장이 있는 곳에서 각 매장의 고객 한 사람당 매출을 통해 고객의 질을 추정하려고 하는 경우, 단순히 산술평균을 취하면 엄청난 오류를 범하게 되는 경우가 있다. 왜냐하면 그 조사 기간 중에 다른 고객보다 10배 또는 100배의 쇼핑을 하는 고객이 한 사람이라도 있으며 그 사람으로 인해 평균치에 큰 치우침이 생기기 때문이다. 즉 50명의 샘플을 조사했는데, 그 가운데 한 사람만이 다른 사람의 평균의 50배나 되는 쇼핑을 한 극단적인 경우(사실은 의외로 자주 있다), 전체의 산술평균은 그 한 사람 때문에 딱 두 배가 된다. 그러나 매장의 입장에서는 그 한 사람의 고객도 중요하지만, 남은 49명의 고객도 중요하다. 따라서 그것을 무시하고 매출을 판단하면 그룹화의 예를 들 필요도 없이, 상당히 엉뚱한 일이 일어나게 된다.

결국 그러한 계산 방법에서는 매출이 많은 한 사람의 수치로 인해 산술평균은 과대평가되는 것이다. 이는 회의 등에서 큰 목소리를 내거나 고집을 피우는 사람이 있으면 단지 그 한두 사람 때문에 대부분의 사람이 생각지도 않았던 방향으로 회의가 흘러가는 것과 비슷하다.

이러한 경우에는 한 사람당 매출액의 로그(log)를 취해서 평균치를 내는 편이 좋다. 지금의 예처럼 10배나 50배 정도의 쇼핑을 하는 경우가 가끔 있을 때는 제곱근의 평균 정도가 좋다. 차이가 더욱 클 때에는 로그를 사용한다. 이 경우 산술평균(기준 눈금이 등간격) 대신에 로그의 평균을 사용하는 것은 앞으로 갈수록 눈금이 촘촘해지는 자를 사용하는 것과 같은 것으로, 목적에 따라서는 로그에 의한 판단이 보다 쉽고 또한 정확하게 현상을 나타내게 된다.

또 한 가지는 중앙치를 사용하는 것이다. 금액이 많은 고객부터 순서대로 나열해서 가장 중앙에 있는 손님의 수치를 사용한다. 과거 일본의 저축 통계는 평균치를 사용했다. 그러나 큰 부자가 있으면 평균치가 크게 올라가기 때문에 지금은 중앙치도 함께 발표하고 있다. 1989년 세대당 저축 평균치는 1200만 엔이었지만, 중앙치는 720엔이었다.

이 방법은 어디까지나 현상을 숫자로 기술할 경우에 그 물리적 의미를 파악하거나 행동의 판단을 내리는 데 가장 적합한 기준을 찾기 위해 변환하는 방법이다. 따라서 그 변환에 의해 실측치의 작은 수치와 큰 수치가 평균에 대해 어느 정도 무게가 걸려 있는가를 잘 생각해서 판단해야 한다.

이 방식의 문제는 과학기술 분야에 있어서는 그 연구가 진행되어 계량화의 방법으로서 공식화되어가고 있지만, 판매 분야에 있어서는 아직 날카로운 직감과 경험이 요구되는 경우가 많다. 그러나 이전까지의 단순한 산술평균으로 판단을 내리는 것의 위험성을 이해해두기 바란다.

‘소리 없는 소리에 귀를 기울여라’는 옛말도 있지만, 산술평균은 작은 숫자가 과소평가된다. 또한 로그 변환을 하면 작은 쪽이 과대평가된다. 이 부분에 있어서 어떤 것을 사용할지는 조사자의 능력이 드러나는 부분이다.

클레임 조사 등은 그 절대치로서의 숫자는 제품의 품질 개선을 위해서 반드시 필요한 것은 아니며, 다른 상품에 대한 클레임의 숫자를 비교하는 것만이 의미가 있다. 그렇게 되면 비교를 할 때 가장 적합하게 계량화하면 되는 것이다. 결국 수치를 조사하는 것은 목적을 위한 수단이기 때문에 그 목적에 가장 적합한 기준을 정하면 되는 것이다. 이렇게 생각하면 특별히 로그라든가 제곱근을 찾아내지 않아도 그 숫자를 몇 단계로 나누고 각각에 점수를 부여해도 전혀 지장이 없게 된다.

사실, 이처럼 구분해서 점수를 배분하는 방법으로도 합리적인 배분만 이루어진다면 검출력은 로그 변환 때와 별로 차이가 없다.

앞에서처럼 매장의 고객 한 사람당 매출을 보려고 할 경우는 개개인의 금액을 순서대로 나열하고 가장 중앙에 위치한 수치를 취하는 것이 타당할 경우가 많다. 이것이 중앙치이다. 그 외에 가장 빈도가 많은 수치를 취하기도 한다. 그것은 최빈치라고 한다.

기준의 문제에 대해서는 앞의 내용을 통해서도 알 수 있듯이 다음 네 가지 사항을 명심해야 한다. ①그것이 현실을 나타내는 기준으로서 적절한가에 대해 물리적인 의미를 생각할 것. ②필요에 따라서는 하나의 것에 대해서도 가능한 한 여러 가지 기준을 취해서 보조 측정치로서 상관관계를 찾아 편향을 수정한다. ③과거의 조사 결과와 사실을 비교해서 적절했던 기준에 대해 연구한다. ④경우에 따라서는 기준을 결정하기 위한 예비적 조사를 실시한다. 거기에는 그룹화의 요인이나 필요한 샘플 수의 결정도 포함해서 실시하는 것이 일반적이다.

위험률은
어느 정도까지 인정되는가

| 위험률과 이익 사이

앞에서 설명했듯이 랜덤 추출의 원리를 이용하면 얼마든지 평균치를 진실치에 가깝게 만들 수 있다. 반대로 말하면 판단이 편향될 기회를 미리 계획한 수치 이하로 억제할 수 있는 것이다. 그런데 그 위험률을 얼마까지 작게 하면 좋을까. 최근 새로운 통계적 방법에 의한 보고서를 접한 사람이라면 위험률 5퍼센트의 신뢰의 한계*라는 말을 알 것이다. 5퍼센트라고 하면 20번에 한 번 정도는 진실치가 그 구간 밖에 있게 된다는 것이기 때문에, 그것을 무시하는 것은 상당히 위험하지 않을까 생각하는 독자가 있을지도 모른다. 그러나 그 정도의 위험률

신뢰의 한계

신뢰도. 동일한 조사를 100번 실시했을 경우 동일한 결과가 나타날 확률을 의미. 95번 이상 동일한 결과가 나타날 수 있을 때 신뢰도 95%라고 함. 옮긴이

은 우리 일상생활에서는 0퍼센트로 간주된다.

직장에서 전철로 평균 1시간이 걸리는 곳에 살고 있는 통근자가 있다고 하자. 그 사람은 아침 몇 시 몇 분에 집을 나서면 좋을까? 평균치로 1시간 걸린다고 해서 딱 1시간 전에 집을 나서면 그 사람은 아마도 이틀에 한 번은 지각하게 될 것이다. 왜냐하면 평균치라는 것은 조금 빨리 도착하거나, 늦게 도착하는 경우를 포함해서 그 대체적인 평균이 1시간이라는 의미이기 때문이다. 그래서 그런 차이를 생각해서 1시간 5분 전이나 10분 전에 집을 나서는 것이 일반적이다.

그런데 어느 날 전철 사고로 인해 2시간이 걸렸다. 그렇다고 해서 그 통근자가 다음 날부터 2시간 전에 집을 나서게 될까? 일 년 동안 단 한 번도 지각을 하지 않기 위해서는 분명히 매일 2시간 전에 집을 나서야 할 것이다. 게다가 전철 사고는 일 년에 두 번이나 세 번 정도는 누구나 만나게 되는 자연현상과 같은 것이다.

그러나 그렇다고 해서 매일 2시간 전에 집을 나서는 사람은 없을 것이다. 왜냐하면 그 정도의 가능성을 완전하게 배제하기 위해서 매일 너무도 많은 희생을 치러야 하기 때문이다. 그래서 실제 행동을 취할 때는 그 정도의 위험률은 0퍼센트로 간주하고 행동하는 것이다.

우리의 일상생활은 모두 그러한 통계적 판단 위에 있다. 우리가 내일 죽지 않는다는 보장은 어디에도 없다. 그러나 건강한 사람의 경우 일상의 행동은 내일 죽지 않는다는 전제하에 계획되고 있다. 물론 죽을 가능성이 0퍼센트인 것은 아니다. 그래서 보험을 드는 것이다. 예외의 원칙은 그 경우에도 유용하다.

앞의 통근자의 경우에는 예외의 원칙으로 언제나 자택에서 직장까지의 택시비를 준비해두는 것이다. 그렇게 하면 사고가 있더라도 일단 안심할 수 있게 된다.

그러나 우리는 일상적으로 5퍼센트보다 높은 위험률도 대개 0퍼센트로 간주하고 행동한다. 게다가 대부분은 위험률이 어느 정도인지조차도 생각하지 않는다. 그러한 경우 그 위험률과 이익과의 비율에 있어서, 가치판단의 선을 어디서 그으면 좋을까? 그 구체적인 기준을 부여하는 것이 통계적 판단론이다. 통계가 없으면 성립되지 않는 것이 사실은 보험업계인 것이다.

기대치를 이해해야 하는 이유

│ 노름판의 법칙

예전에는 사행심을 유발한다는 이유로 금지되었던 복권이 여러 가지 그럴듯한 이름을 달고 나타났다. 그중 하나가 정부에서 발행하는 다카라쿠지이다. 다카라쿠지가 처음 출시되었을 당시는 엄청난 인기를 불러 모았다. 최근에는 사회가 안정이 된 때문인지, 아니면 당첨되기 힘들다는 것을 알았기 때문인지 상당히 수그러들었지만 그럼에도 일확천금을 좇는 사람은 많다.

그리고 예전이고 지금이고 변하지 않는 것은 그것을 사는 사람들은 역시 1,000엔 정도를 지불하면 1000만 엔에 당첨될 것이라는 기대를 품고 산다는 점이다. 그러나 우리가 앞으로 다룰 기대는 그런 것이 아니다. 어떤 우연에 의해, 어느 쪽으로 구를지 모르는 것, 예를 들면 주사위를 던졌을 때 나오는 숫자의 평균은 얼마가 될까와 같은 것이다. 이 경우 주사위 눈금의 기대치는 3.5가 된다. 어중간한 숫자이지만, 어느 숫자이건 나올 기회는 평등하다고 하면 1에서 6까지의 수를 더하고, 6으로 나누면 그 기대치로서 3.5라는 수치가 나온다.

그런데 만약 주사위 눈금이 1이 나오면 만 엔, 2가 나오면 2만 엔 하는 식으로 나오는 눈금의 수만큼 돈을 받는 노름이 있다고 하자. 이때 한 번 주사위를 던졌을 때 받을 수 있는 기대 가격은 앞의 원리에 따라 3만 5천 엔이 된다.

이 규칙으로 노름판을 벌였다고 하자. 그리고 노름판의 주인이 한 번 주사위를 던질 때마다 4만 엔을 받기로 한다면, 한 번 주사위를 던질 때의 기대치는 차액인 5천 엔이 되기 때문에 주인은 손해를 보지 않는다. 만약 한 번에 3만 엔이라고 한다면, 하면 할수록 손해를 보게 될 것이다. 이 경우 한 번이나 두 번의 승부라면 그 가운데에는 운이 좋아서 6이나 5가 나올 수도 있겠지만, 횟수를 거듭할수록 평균치인 3.5가 될 것이기 때문에 주인은 이익 계획을 미리 세울 수 있다.

이처럼 간단한 게임이라면 조금만 머리를 써도 바로 손득을 알 수 있지만, 슬롯머신의 구슬 가격과 들어갈 확률, 게다가 경품의 점수와의 관계 등이 되면 이야기는 상당히 복잡해진다. 게다가 슬롯

머신의 경우 그 확률을 손님이 가버리지 않을 정도로 조절하고 있기 때문에, 게임의 이론, 흥정의 문제가 되는 것이다.

데이터 수가 많다고 무조건 정확도가 높아지는 것은 아니다

그러면 이번에는 제대로 된 장사의 이야기이다. 우리가 데이터를 통해 통계적 판단을 내릴 때는 그 결론이 어느 정도의 위험률로 신뢰할 수 있는가를 계산을 통해 찾을 수 있다. 그리고 그 위험률은 데이터의 수가 증가하면 일반적으로 개선되는데, 그 정도는 앞에서도 언급했듯이 데이터가 두 배가 되면 두 배 좋아지는 것이 아니라 40퍼센트 정도밖에 좋아지지 않는다.

즉 데이터의 수는 제곱근에만 효과가 있다.

그런데 사실을 근거로 해서 어떤 방법을 채택하려고 할 경우, 판단의 기준이 되는 것은 역시 그 방법에 의해 얼마간의 이익을 기대하고 있기 때문이다. 이 경우에 예를 들어 A, B의 광고 방법이 있고, 그 차이가 클 때에는 아주 적은 데이터로도 충분히 판단할 수 있을 것이다. 그러나 차이가 적어지면 확실한 차이를 파악하기 위해서는 상당히 많은 데이터, 즉 돈이 필요하다. 그러나 차이가 적다고 해도 좋은 쪽을 선택했을 때 얻게 되는 경제적 이익이나 또는 업계에서의 지위가 크게 높아진다는 것이 예상된다면 그만큼의 노력과 돈을 들여서라도 차이를 찾아내지 않으면 안 될 것이다. 그런데 조사나 실험에 필요한 데이터의 수는 찾아낸 차이에 의한 이익의 기대치(답이 반드시 맞는다고는 할 수 없으며, 역시 맞을 확률이다)와 그것을 검출하기 위해 필요한 데이터를 얻기 위한 비용과의 비율이 되는 것이다.

그런데 지금 서술했듯이 데이터를 얻는 데 필요한 비용과 정확도의 개선은 정비례하지 않으며, 데이터 한 개당 경비에 대한 이익 개선은 어느 지점부터 급속하게 악화된다.

이 경우, 어느 부분에 가장 좋은 데이터 수가 있을까에 대한 연구는 이미 많이 이루어졌으며, 결론도 여러 가지로 제시되고 있는데, 여기서 특히 강조하고 싶은 것은 직감이 90퍼센트 맞는 사람(거의 달인의 영역이지만)이라도 단 수십 건의 데이터에 지는 경우가 많다는 것이 계산으로 증명된다는 것이다.

어떻게 그런 계산이 나오느냐고? 90퍼센트 맞는다는 것은 틀릴 위험률이 10퍼센트가 되는 것이기 때문에, 조사 비용을 0으로 해서 그 위험률로 이익의 기대치를 산출하면 알 수 있다.

여기서는 이론적인 이야기만 했다. 그러나 데이터의 신뢰도는 반드시 데이터의 수만으로는 결정되지 않는다. 사실은 무엇을 조사할 것인지가 중요하다.

복권과 경마나 경륜에서는 기대 이익의 성격이 조금 다르다. 복권에 당첨될 기회는 발행자가 결정한 수치 이상은 되지 않지만, 경마나 경륜은 참가자의 자유 선택의 여지가 있어서 하기에 따라 기대 이익은 플러스도 마이너스도 된다.

판매 또한 마찬가지로, 문제는 역시 무엇에 대해 조사할 것인가이다.

이야기가 빗나갔지만, 기대치라는 사고방식만 이해하면 보험을 어느 정도 들면 좋을지도 스스로 판단할 수 있다. 이 경우 보험이란 최후의 수단이나, 비장의 카드라고 하는 편이 좋을지도 모른다. 그러나 판매의 경우 보험에 해당하는 것은 성격이 조금 다르다. 그것은 항상 갱신해두어야 한다. 그 판단이 시기에 맞는 적절한 것이면 안정된 기업이라고 할 수 있다.

시장조사의 기본 원리는
공정한 경쟁

| 페어플레이라는 것

여기서 말하는 공정은 페어플레이를 의미한다.

자유주의 경제 하에서는 어떠한 상품을 생산해서 어떻게 판매를 하든, 그것이 공공의 질서를 어지럽히지 않는 한 자유이다. 그 자유경쟁의 원리가 인간의 창조성을 자극해서 누구나 기대하는 보다 값싸고 편리한 상품을 만들어내는 원동력이 된 것은 역사적으로 보아도 분명하다. 과거 문명의 발달은 자유로운 정신이 사회의 지주가 되었던 시대에 이루어졌다. 예를 들어, 근대 문명의 방아쇠가 되었던 르네상스는 마녀재판이 행해졌던 중세의 암흑 시대 뒤에 왔다.

그러나 자유경쟁은 스스로 그 질서를 만들어내야 한다. 영국을 기점으로 해서 발전한 산업혁명은 왕후 귀족이라도 가질 수 없었던 뛰어난 상품을 대중의 손에 쥐어주는 것에는 성공했지만, 한편 그 이면에는 타인을 돌아보지 않는 자유경쟁에서 비롯된 기업이라는 괴물의 폐해를 불러일으켰다. 힘으로 경쟁자를 누르려는 욕심에서, 오히려 진정한 의미에서의 자유경쟁의 터를 잃어버린 결과를 초래한 것이다.

미국의 독점금지법은 엄격하기로 유명한데, 그 기본적 정신은 페어플레이다. 즉 같은 토대 위에서 경쟁한다는 것이다. 따라서 거대 회사가 생겨나면 여러 가지 제한을 두어 공정한 승부를 할 수 있도록 유도하는 것이다.

자유경쟁의 원리를 최대한 살리는 것이 사회 질서를 유지하고 발전을 촉구하는 기본이라는 생각에서 비롯된 것이 공정성의 강조이며, 사실상 그것은 성공했다.

최근에는 더욱이 소비자와 사회의 관계라는 입장에서 새롭게 인식되고 있다. 어떤 기업이든 그 기업이 소속된 사회, 국가의 미래의 번영이라는 점을 생각한다면 멋대로 행동하는 것은 용인될 수 없다. 서로 양보하고 공정한 규칙 하에 머리를 맞대고 함께 생존하기 위해 노력하는 것이 의무이자 책임이다.

70년대 일본의 고도성장과 관련해 경제 동물이라는 말이 유행했으며, 일본의 기업이 마치 악역의 대표처럼 보도되었다. 그런 식의 악평이 사실과 반드시 부합된 것은 아니지만, 무엇보다도 페어플레이라는 원칙에서 벗어난 과도 경쟁 때문에 그런 평가를 받게 되었음은 부정할 수 없다.

물론 공정이라는 말의 내용은 시대의 변화와 함께 변해간다. 과거에는 공정하다고 평가됐던 기업도, 에너지 부족이나 환경 파괴 같은 새로운 조건들이 대입되면서 사회적 책임을 다하지 못하고 있다고 추궁당할 수도 있는 것이다.

따라서 판매를 위한 조사를 계획할 때에도, 또한 계획을 실행할 때에도 페어플레이를 늘 염두에 두어야 한다.

상당히 오래전의 일인데, 한 잡지에서 같은 제품이 매장에 따라 가격이 제각각인 현상을 조사해서 문제가 된 적이 있었다. 그런데 나중에 가격이 제각각인 편이 오히려 합리적이라는 결론이 내려졌다. 현재 출간되고 있는 잡지는 전국적으로 같은 가격에 판매되고 있다. 그러나 판매에 드는 비용이라는 점에서 볼 때, 도쿄처럼 출판사에서 가까운 지역이 가고시마나 홋카이도처럼 먼 곳보다 코스트가 낮은 것은 당연하다. 따라서 전국의 통일된 가격은 도쿄의 독자들로 하여금 알지 못하는 사이에 먼 곳에 있는 사람들의 비용을 부담게 하는 셈이 되어 불평등한 것이 된다.

이에 대해 운송 비용 등은 알려져 있는 것이기 때문에 트집을 잡지 말라는 견해도 있을 수 있다. 업계의 사정에 대해 잘 알고 있는 사람이라면 잡지의 비용 중에는 반품의 손실도 들어 있기 때문에, 그런 것까지 부담하는 것은 말도 안 된다는 의견도 있을 것이다.

따라서 무엇이 공평한 것인가의 기준은 시대에 따라, 또한 상품의 종류에 따라 크게 변하는 것이 오히려 일반적이다. 화려하고 예쁜 유리병에 담긴 향수는 용량이 조금씩 다를 수밖에 없다. 일정량의 향수를 넣으면 향수의 내용물의 높이가 고르지 않게 된다. 할수 없이 주사기로 양을 증감해서 높이를 맞추게 된다.

이 경우 용량을 일정하게 하는 것과 표면적인 높이를 고르게 하는 것 중 어느 것이 공평한가는 논리의 문제가 아니기 때문에 관례에 따라 결정하는 것이다. 공장에서 생산하는 단계라면 불량품을 사전에 조사해서 폐기처리하면 사고를 미연에 예방할 수 있다. 그러나 이미 시중에서 판매되고 있는 상품을 폐기처분할 수는 없다. 따라서 판매 분야에서는 특히 매사에 공평이란 무엇인지를 잘 생각해서 판단하는 것이 중요하다.

외부 조사 기관의 이용

| 판매에 가장 유효한
수단은 어느 회사도
발표하기 싫어한다

시장에 관한 정보를 얻기 위한 원천으로서 이용할 수 있는 것에는 직접 실시하는 조사 외에도, 관청이나 업계 단체, 학회 등에서 발표되는 각종 통계 자료가 있다. 그러한 통계 자료만으로는 곧바로 이용할 수 있는 것은 많지 않지만, 다른 분야에서 얻은 데이터를 해석하거나 또는 앞으로 실시할 조사를 계획하는 데 상당히 유용한 경우가 있다. 예를 들어 한 상품의 지역별 판매 추이를 그 지역의 수입별 인구 구성 데이터와 맞춰보면 상당히 높은 상관도가 있다는 것이 발견되는 경우도 적지 않다. 그리고 그러한 해석은 누구라도 생각할 수 있는 것이며, 그중에는 그것만으로 수요 추정을 하는 경우도 있다. 그러나 그러한 경우에는 그 숫자들 사이를 연결하는 구체적인 사실을 제대로 조사해두지 않으면 흔히 말하는 '바람이 불면 통장수가 돈을 번다'와 같은 식의 엉뚱한 추측을 하게 되기 때문에, 충분한 주의가 필요하다. 즉 그러한 데이터는 숫자로서는 소수점 이하까지 자세히 나와 있지만, 어느 정도 신뢰도가 있는지는 판단할 수 없는 경우가 대부분이며, 또한 거기에 반영되어 있는 여러 가지 분류의 정의나 조사 방법도 우리들이 생각했던 대로 받아들여도 되는지 의심이 가기 때문이다.

이외에 원하는 조사를 의뢰하면 대행해주는 민간 조사 기관에서 얻을 수 있는 정보가 있다. 그러한 기관은 모두 조사 전문가를 보유하고 있기 때문에 상담을 해주는 것뿐만 아니라 조사에 기초 자료를 항상 준비하고 있다는 점과 또한 자사의 이름을 숨긴 채 조사를 할 수 있다는 유리함이 있다. 그러나 반면 제삼자에게 의뢰하는 것이기 때문에 여러 가지 단점이 있음을 고려해야 한다. 그 가운데에서도 비용의 문제는 차치하고라도 비밀 유지라는 측면에서 볼 때, 모든 것을 민간 조사 기관에 의뢰하는 것이 반드시 상책이라고는 할 수 없다.

물론 비밀 유지는 전문 조사 기관이라면 어디나 가장 중요시하는 사항이기 때문에 비밀이 누설되는 일은 일단 없지만, 판매상의 문제는 회사 내에서도 최고의 기밀이기 때문에 거기에 외부인을 투입하는 것은, 말하자면 가정 내의 문제를 제삼자에게 상담하는 경우와 같이 아무래도 원만하게 진행되지 않는 부분이 있다. 또한 상담을 받는 쪽에서도 모든 것을 다 알아야만 가장 좋은 계획을 세울 수 있기 때문에 의외로 어려운 문제이다.

적절한 시기라는 점에 있어서는, 방법에 따라서는 상당 부분 개선될 수 있지만, 완벽을 기하기에는 결국 기관이건 인력이건 전속 형태로 하지 않으면 해결되지 않는 경우가 많으며, 그렇다면 자사에 전문가를 양성하는 것과 다를 바 없게 된다.

그렇다고 해서 전문 조사 기관을 이용하는 것이 전혀 도움이 되지 않는다는 것은 물론 아니다. 왜냐하면 앞에서 언급했듯이 전문 조사 기관에 속하는 전문가, 축적 자료, 잘 훈련된 조사원 등은 역시 귀중한 자료이며, 목적에 따라 조사 기관을 이용하면 큰 이익을 얻을 수 있고, 또한 주제에 따라서는 조사 기관에 의존하지 않으면 사실상 조사하기 곤란한 경우도 있다.

한 가지 덧붙이자면 외부 기관에 조사를 의뢰하면 무조건 무언가가 나올 것이라는 태도는 버리는 것이 좋다. 그것은 크나큰 착각이며, 조사는 어디까지나 스스로 입안해야 한다. 그리고 외부에 의뢰하는 것이 최선이라고 판단되었을 때 비로소 상담을 해야지 그렇지 않으면 특히 판매 조사는 비용만 낭비하는 결과를 초래할 수 있다. 이 경우 외부의 전문가를 컨설턴트로서 이용하는 것이 유리한 것은 물론이지만, 최종적으로는 자신의 판단에 의존해야 한다는 점을 잊어서는 안 된다. 왜냐하면 판매 조사는 다른 분야와 달리,

그 방면에 대해 정말로 유용한 연구 발표가 거의 없기 때문이다.

즉 판매에 있어서 가장 유용한 수단은 어느 회사도 발표하고 싶어 하지 않으며, 또한 그 대부분은 지금과 같은 경제 구조가 계속되는 한 세상에 공표되지 않을 것이다. 그럼에도 최선의 수단을 발견하지 않으면 안 되는 것이 조사 담당자의 책임이다. 이 현실을 잘 이해한 후에 판매 조사에 대한 연구를 하기 바란다.

데이터의 금광에서 어떻게 금을 캐낼 것인가?

한 파티에서 가라쓰 하지메 씨를 만났을 때, 『마케팅의 과학』이 복간되므로 해설을 써달라는 부탁을 받았다. 나는 순간적으로 『마케팅의 과학』이 1959년에 니칸코교日刊工業 신문사에서 출판되었을 때의 충격적인 감동을 떠올리고, 반가움을 느끼는 동시에 이 역사적인 명저에 내가 해설을 맡게 되었다는 것에 더할 수 없는 명예를 느꼈다. 그러한 나의 감회를 이해하자면 이 책의 역사적인 평가에 대한 설명이 필요하다.

이 책은 1974년에 지츠쿄노니혼샤實業之日本社에서 발간된 책을 복간한 것으로, 사실 원래 초판이라고 할 수 있는 책은 1959년에 나왔다. 그 당시 나는 일본능률협회의 기관지 《매니지먼트》의 마케팅 담당자로서 국내외의 문헌이나 사례를 잡지에 발표하고 있었다. 마케팅적 사고와 방법은 경제단체연합회의 톱매니지먼트 팀이 1955년 미국을 방문한 것을 계기로 일본에 전해졌는바, 본격적인 경제 성장기에 들어서기 전 재계에서는 마케팅을 성장의 열쇠로 판단해 관련 정보나 문헌을 닥치는 대로 구했다.

'시장조사 전성시대'

마케팅 가운데에서도 가장 먼저 각광을 받은 것은 광고와 시장조사였다. 특히 시장조사, 넓은 의미로 마케팅 리서치는 확실한 정보를 기반으로 마케팅을 계획한다는 의미로, 종래의 경험이나 직감에 의한 경영에 혁명을 불러왔다. 그러나 당시는 무조건 조사를 하면 문제나 그 해결법을 곧바로 알 수 있다는 착각 또는 과도한 기대로 이른바 시장조사의 전성시대라고 할 만했다. 조사해본 것은 아니지만, 그 당시 시장조사 부서를 만든 회사도 적지 않았을 것이며, 또한 시장조사 관련 회사도 많이 생겨난 것으로 알고 있다.

그러한 상황 속에서 『마케팅의 과학』은 말 그대로 혜성처럼 등장했다. 저자인 가라쓰 씨는 품질관리와 같은 통계학적 방법을 통해 시장조사를 분석했는데, 당시는 판매에 과학이 끼어들 여지가 없는 경험과 직감의 세계였기 때문에 『마케팅의 과학』이라는 신선한 제목이 판매 분야나 마케팅 관계자들에게 커다란 충격을 주었던 것은 당연할 것이다.

많은 독자들은 이 책을 통해 시장조사의 이론이나 기법을 배우려고 했다. 사실 이 책은 통계학이나 조사 계획의 기본에 더해, 조사 대상의 그룹화 방법, 랜덤 추출법 등의 표본추출법, 요인의 선택법, 배분의 원리, 수량화 방법 등이 충실하게 제시되어 있기 때문에 시장조사의 이론이나 기법의 텍스트로서 읽을 수 있으며, 초보자도 알 수 있도록 쉽게 설명되어 있기 때문에 입문서로서도 손색이 없는 책이다.

그러나 가라쓰 씨가 정말로 원했던 것은 다른 부분에 있다고 생각한다.

시장조사의 목적은 무엇인가?

그것은 간단히 말하자면 상품이 팔리는 구조 또는 메커니즘을 확실하게 파악해서 그 목적을 위해 필요한 정보를, 시장조사를 포함한 다양한 방법으로 활용하자는 것이었으며, 단순히 시장조사 기법을 알리는 데 이 책의 진정한 목적이 있는 것이 아니다. 바꾸어 말하면 본질이 무엇인가를 파악하고, 그 위에 계획을 세우고 행동하는 것의 중요성을 설명하고 있는 것이다.

얼마나 많은 시간과 에너지를 본질이 아닌 것에 소비하고 있는지 이 책은 다시 한 번 생각하게 해준다. 판매에 있어서도 시청률에 일희일비하며, 방향이 맞지 않는 시장조사에 돈을 쓰고, 이 책에는 쓰여 있지 않지만, 유통업자의 동기부여에 그다지 도움이 되지 않는 리베이트를 주기 위해 고민하고 있는 것이 실태이다. 그러한 상황에서 벗어나기 위해서는 목적의식을 갖는 것, 시장조사로 말하자면 무엇을 위해 조사를 하는 것인지를 확실하게 하는 것이 중요하다고, 가라쓰 씨는 이 책의 곳곳에서 반복해서 강조하고 있다. 이 점에서는 1959년의 초판이건, 1974년의 이 책이건 내용은 조금도 진부하지 않으며 현재도 그대로 판매 관계자의 좌우명으로서의 가치와 생명을 유지하고 있다.

변화된 점이라고 하면 최근 10여 년 동안 POS 시스템(point of sales, 판매시점 정보관리 시스템)이 급속하게 보급되어, 가라쓰 씨가 역설한 판매 현장의 데이터가 시시각각 손에 들어올 수 있게 되었다는 것이다. 그러나 POS 시스템의 진정한 활용법은 아직 확립되어 있지 않다. 무엇을 위해 이 데이터를 사용할까, 그 목적을 먼저 명확하게 한 후에 그 활용법의 개발에 몰두하면 가라쓰 씨가 지향한 판매 현장의 정보에 입각한 판매의 과학화에 근접할 수 있지만, 목적의식이 없으면 POS 데이터는 대량·급속으로 생산될 뿐으로, 매일 덤프카로 진흙을 옮기는 것과 같이 되어 뒷수습이 어려워진다. 그 진흙에는 미량의 금이 포함되어 있기 때문에 야금술만 개발되면 귀중한 금을 채취할 수 있다. 야금술을 개발함에 있어서도 목적의식이 명확하지 않으면 안 된다. 그런 의미에서 『마케팅의 과학』은 POS 시대에도 마케팅 관계자들에게 중요한 점을 시사하고 있다.

전 가쿠슈인 대학學習院大學 경제학 교수·이사장

다시마 요시히로田島義博

옮긴이 **박정임**

경희대학교 철학과를 졸업하고 일본 치바 대학 대학원에서 일본 근대문학 전공
으로 석사학위를 받았다. 현재 전문 번역가로 활동 중이며 옮긴 책으로 『우편
배달부 워커 씨 이야기』 『측천무후』 『말 많은 이집트 지식여행』 『30분을 잡아
라』 『50세에 발견한 쿨한 인생』 『사장의 원점』 등이 있다.

마케팅의 과학

초판 1쇄 발행 | 2008년 11월 15일
초판 2쇄 발행 | 2009년 4월 30일

지은이 | 가라쓰 하지메
옮긴이 | 박정임
펴낸이 | 최용범
펴낸곳 | 페이퍼로드

편 집 | 김정선
마케팅 | 김경훈, 윤성환

주 소 | 서울시 마포구 연남동 563-10 2층
전 화 | 326-0328, 6387-2341
팩 스 | 335-0334
이메일 | paperroad@hanmir.com
출판등록 | 2002년 8월 7일(제 10-2427호)

ⓒ 가라쓰 하지메, 1993

ISBN 978-89-92920-21-6 03320